感谢以下项目／单位资助

- 国家自然科学基金项目
- 杭州电子科技大学浙江省信息化发展研究院

在线知识型社区用户参与行为机理研究

周涛／著

ZHEJIANG UNIVERSITY PRESS

浙江大学出版社

·杭州·

图书在版编目（CIP）数据

在线知识型社区用户参与行为机理研究 / 周涛著
. —杭州：浙江大学出版社，2022.12
ISBN 978-7-308-23355-2

Ⅰ.①在⋯ Ⅱ.①周⋯ Ⅲ.①互联网络—用户—行为
分析—研究 Ⅳ.①C912.6

中国版本图书馆 CIP 数据核字（2022）第 235321 号

在线知识型社区用户参与行为机理研究
ZAIXIAN ZHISHIXING SHEQU YONGHU CANYU XINGWEI JILI YANJIU
周　涛　著

责任编辑	杨利军（ylj_zjup@qq.com）
责任校对	黄梦瑶
封面设计	闰江文化
出版发行	浙江大学出版社
	（杭州市天目山路 148 号　邮政编码 310007）
	（网址：http://www.zjupress.com）
排　　版	杭州青翊图文设计有限公司
印　　刷	杭州高腾印务有限公司
开　　本	710mm×1000mm　1/16
印　　张	15
字　　数	230 千
版 印 次	2022 年 12 月第 1 版　2022 年 12 月第 1 次印刷
书　　号	ISBN 978-7-308-23355-2
定　　价	58.00 元

随着互联网的快速发展，在线知识型社区如在线健康社区、开放式创新社区等得到了用户的广泛采纳和使用。用户可以在社区分享和获取各类知识，比如医疗健康、创新创意等。但各类社区平台之间竞争激烈，因此如何促进用户的参与行为特别是分享行为对知识型社区的生存和发展来说至关重要。基于此，本书将从社会资本理论、信息系统成功理论、社会影响理论、ELM（精细加工可能性模型）理论等多个理论视角研究知识型社区用户参与行为（包括分享、付费、潜水、转移、持续行为、信息采纳等），发现影响用户行为的显著因素。研究结果将有助于知识型社区采取有效措施促进用户参与行为，从而保证社区的持续、快速、健康发展。

本书的主要内容包括：

（1）开放式创新社区用户分享行为研究。开放式创新社区如小米社区、华为社区等已成为企业获取用户需求和创意的重要途径。本书基于社会资本理论考察了开放式创新社区用户分享行为，发现社会资本和交互体验显著影响用户分享意愿和行为。研究结果显示，社区可通过发展社会资本和改善用户体验来促进用户参与行为。

（2）在线健康社区用户参与行为研究。在线健康社区为用户获取医疗健康专业知识提供了重要平台。特别是在新冠疫情防控背景下，在线健康社区由于其便捷高效的优势得到了快速发展。本书基于社会影响理论、感知价值理论、ELM 理论、IS（信息系统）成功模型等多个理论，考察了在线健康社区用户的付费行为、信息采纳意愿、知识分享行为等,发现社会影响、信息因素、交互因素、平台因素等显著影响用户参与行为。研究结果显示,在线健康社区想要促进用户的参与行为,需要重视信息质量,建立用户对社区的信任和认同。

(3)社交媒体社区用户转移行为研究。社区的同质化竞争使用户在多个社区之间转移较为容易,导致社区用户流失。基于PPM(推—拉—锚)模型,本书考察了社交媒体社区用户转移行为。研究发现,用户的转移行为受到推力、拉力、锚定因素的影响,社区管理者需要关注以上三类因素的作用,以防止用户转移,实现用户保持。

(4)知识社区用户潜水行为研究。用户潜水对于知识社区来说是一种普遍现象,但潜水行为将导致社区缺乏生命力和发展潜力。本书基于SOR(刺激—机体—反应)模型,考察了动机因素对用户潜水行为的影响,发现内部动机和外部动机影响用户的焦虑和社交网络疲劳情况,进而导致其潜水行为。研究结果显示,社区需要重视动机因素,缓解用户焦虑,提升其参与积极性和活跃度,促进社区的持续健康发展。

(5)在线音乐社区用户持续意愿研究。在线音乐社区为用户提供了参与音乐创作、分享音乐知识的平台,但用户往往忠诚度不高。基于虚拟社区感理论,本书考察了在线音乐社区用户持续意愿,发现社会交互、用户体验影响虚拟社区感,进而决定用户的持续意愿。研究结果显示,音乐社区需要促进用户交互来建立用户的社区感,从而提升其持续意愿。

本书得到了国家自然科学基金项目(项目编号:71771069)以及杭州电子科技大学浙江省信息化发展研究院的资助。此外,研究生何莲子、林晓靖、杨文静、李秋霞、李圆洁、刘佳怡、徐晓晨也做出了部分贡献,在此一并表示感谢。

周　涛

杭州电子科技大学管理学院

2022年6月1日

目 录
CONTENTS

开放式创新社区用户知识分享行为研究

开放式创新社区是企业构建的在线社区平台,通过从用户的互动内容中发掘有价值的创意并将这些创意应用到产品设计和生产研发过程中,最终实现提高企业绩效的目的。如今,开放式创新社区已成为企业获取创意的重要来源。目前知名度较高的开放式创新社区包括小米社区、花粉俱乐部、海尔HOPE 社区、美的美创平台、耐克 Nike Talk、星巴克 My Starbucks Idea 等。然而,开放式创新社区中仅少部分用户愿意分享其创意知识,多数用户选择潜水,以观望的态度浏览社区,这导致社区缺乏足够的创意数量。研究显示,全球 1000 强的企业中,只有很小一部分企业开放式创新社区用户给企业提供了有价值的用户生成内容(user generated content,UGC),且社区活跃度很低。[1]因此,有必要研究影响开放式创新社区用户分享行为的因素,从而采取有效措施促进用户分享创意知识,保障社区的持续健康发展。

1.1 开放式创新社区

1.1.1 开放式创新社区的定义

开放式创新社区这个概念起源于开放式创新。Chesbrough 认为开放式创新是指开放的业务模式,组织通过利用更多的资源来创造价值和获取内外部价值。[2]有研究指出,当社区用户提出的观点被社区采纳时,便间接影响了企业的运营决策,最终将会影响社区运营和企业发展,此时的社区就转变成了开放式创新社区。[3]表1.1列举了部分具有代表性的开放式创新社区的定义。

根据开放式创新社区的特点以及该领域学者对开放式创新社区的研究,本研究采用Di Gangi对开放式创新社区的定义,即开放式创新社区是企业构建的虚拟在线平台,社区鼓励用户在平台上发表创意想法并收集平台用户提供的创意,运营者再将创意应用到企业的运营决策中,最终实现促进社区及企业发展的目的。[3]

表1.1 开放式创新社区的定义

定　义	文　献
开放式创新社区是一个供客户反馈意见、交流产品想法的虚拟交互空间。	[4]
开放式创新社区是组织外的非正式组织,通过各种渠道进行信息分享与传播。	[5]
开放式创新社区指互不认识的用户在互联网上基于相同的兴趣,在受到一些规则约束的情况下,服务于共同的创新目标。	[6]
开放式创新社区指企业利用内部网络平台吸引外部用户参与企业内部创新,它是企业创新的重要节点。	[7]
开放式创新社区是用户基于共同目标自愿协作提供创意的平台。	[8]

1.1.2　开放式创新社区的类型及特征

开放式创新社区包括多种类型。Lee和Suh将开放式创新社区划分为有时间限制的竞争模式和无时间限制的竞争模式。[9]有时间限制的竞争模式即通过限制时间在最短的时间选出最好的创意。没有时间限制的竞争模式即用户可以持续地发表创意想法,这也是越来越多企业选择的开放式创新社区模式。Geise 将开放式创新社区划分为三类[10]：①企业自发型。指企业为了获得创意来源而自发创建的开放式创新社区，如小米社区、花粉俱乐部及海尔社区等。②用户自发型。指拥有共同兴趣爱好的用户组建的社区，如威锋论坛和维基百科等。③第三方中介型。指第三方依据企业所需要的内容创建的开放式创新社区。这类以众包社区为主，如威客中国、快码、猪八戒及任务中国等。张克永也将开放式创新社区分为三类[11]：①众包服务平台。指可以帮助企业实现工作分配、发现创意或解决技术难题的开放式创新社区，社区用户一般会得到报酬，如 Gigwalk、拍拍赚及码易众包等。②开源社区。指专门用于软件开发的开放式创新社区，社区用户基于共同的兴趣爱好，按照开源软件许可协议发布源代码供其他成员使用。③企业开放式创新社区。指企业为了提高自身的创新能力，同时减少创新成本而创建的社区，由企业负责社区运营和维护，如 MIUI 论坛和星巴克 My Starbucks Idea 等。

本研究主要聚焦于企业开放式创新社区，将开放式创新社区划分为三类：①以数码电子产品为中心的开放式创新社区，如小米社区、MIUI 论坛、华为花粉俱乐部；②以智能家电为中心的开放式创新社区，如海尔社区、TCL 铁粉社区、美的美创平台；③以快消品为中心的开放式创新社区，如耐克 Nike Talk、星巴克 My Starbucks Idea 等。

开放式创新社区与传统企业创新不同，它是企业基于互联网技术，为了提升创新效果同时降低创新成本而建立的社区。社区用户是自愿加入社区的，企业通过采纳社区用户提供的创意想法，将其应用到企业产品研发中去，最终提高顾客满意度。本研究归纳了开放式创新社区的 5 个特征，见表 1.2。

表 1.2　开放式创新社区特征

功能特征	特征描述
虚拟性	开放式创新社区是基于互联网建立的虚拟在线社区，用户互不认识。
主动性	开放式创新社区用户主动参与社区活动，自愿贡献知识内容。
互动性	开放式创新社区用户通过多向沟通，在互动中提供创意，实现协同创作。

续表

功能特征	特征描述
持续性	开放式创新社区的用户分享是持续的,持续性的互动才能为社区带来效益。
目的性	开放式创新社区的目的是吸引更多用户提供创意,降低企业创新成本。

1.2 理论基础

1.2.1 社会资本理论

社会资本理论(social capital theory)起源于社会学,后被引入管理学和经济学领域。社会资本是个体或群体所拥有的社会关系的总和,用户通过建立并维持这种社会关系来获得社会资本。表1.3列出了一些代表性的社会资本定义。

表 1.3 社会资本的定义

定 义	文 献
社会资本分为结构性嵌入和关系型嵌入,用户的行为取决于某一资本的嵌入。	[12]
社会资本就是个体所拥有的结构维资源以不同的形式展现的资本。	[13]
社会资本源于社会互动和社会网络,并且互动关系有利于促进协同合作。	[14]
社会资本指可以通过关系网络获取的、来自关系网络的实际资源与潜在资源的总和。	[15]
社会资本就是资源的数量,这种资源通过持续不断的互动关系产生;资源可以是虚拟的或现实的。	[16]

本研究采用 Nahapiet 和 Ghoshal 对社会资本的定义,即社会资本可以通过关系网络获取,是来自关系网络的实际资源与潜在资源的总和。[15]该文献提

出的三维度模型为众多学者采用。三维度模型包括结构维、认知维和关系维。其中,结构维是指人与人之间交互连接的整体状态,指社会互动网络规模和互动结构的特征,反映的是社会互动的情况;认知维反映的是群体认知,包括网络成员对组织的共同文化及价值观的认可;关系维反映的是网络成员运用个人关系或者特殊手段获得的社会资源,体现的是网络成员之间的社会关系,包括信任、互惠、认同等。

开放式创新社区依靠社区用户的交流互动为企业注入新鲜活力,所以用户间关系将会影响开放式创新社区用户知识分享行为。因此,本研究借鉴社会资本理论探究社会资本各维度对开放式创新社区用户分享行为的作用。

1.2.2　社会交互

社会交互(social interaction)是个体之间或群体之间进行交流互动的行为。Wiener 认为,社会交互是指信息接收者与发送者在进行双向沟通的同时,不断地修改反馈内容,最终双方达成良好的沟通效果的过程。[17] Hoffman 和 Novak 将社会交互分为两类——直接沟通和间接沟通,同时提出两种交互模式——人人交互和人机交互。[18] Welbourne 等对人人交互进行了细分,指出人人交互主要包括用户间关于信息的交互和关于情感的交互两大类,强调虚拟社区的信息交互和情感交互显著影响用户的虚拟社区感。[19] 其中信息交互指的是用户关于创意及知识的交互行为;情感交互指的是用户之间关于情感的交流行为,其交流内容包括倾诉者的喜怒哀乐,也包括倾听者的同情、安慰等。

社会交互对用户行为具有显著影响,包括购买行为、分享行为、持续使用行为等。檀齐研究了社会交互对用户知识付费行为的作用,得出社会交互显著作用于用户付费行为的结论。[20] Xiang 等研究了交互行为对购买意愿的作用,发现用户交互显著影响其再次购买行为。[21] Kurucay 和 Inan 通过对 77 名学习者的准实验研究,发现学习者之间的交互会显著提升学习者的成绩及满意度。[22]Wang 和 Yu 发现用户之间的社会交互有助于形成口碑效应,从而影响用户的持续购买意愿。[23]

开放式创新社区中用户互动行为对社区知识分享的影响,也已有部分学者进行了研究。陈良煌基于计划行为理论研究了开放式创新社区用户的参与行为,结果表明社区用户互动行为对主观规范具有正向影响作用,用户互动对用户参与行为有间接作用。[24]郭伟等采用数据挖掘分析法,研究 Local Motors 开放式创新社区中用户的交互反馈对其创新的影响。[25]开放式创新社区中的用户交互行为是社区运营的基础,用户在交互的过程中建立人际关系并产生创意,因此有必要研究社会交互对开放式创新社区用户知识分享行为的作用。

1.2.3　信息系统成功模型

信息系统成功模型(IS success model)简称 D&M 模型,由 DeLone 和 McLean 于 1992 年提出。[26]该模型包括 6 个变量,分别是系统质量、信息质量、系统使用、组织影响、用户满意度和个人影响。他们强调这 6 个变量是一个相互影响的整体。D&M 模型一提出就受到了许多学者的关注,在 1993—2002 年,不少研究者对 D&M 模型提出疑问,有的学者直接在 D&M 模型的基础上建立了新的模型,最后 DeLone 和 McLean 根据这 9 年里学术界对 D&M 模型的修正,提出了新的 D&M 模型,详见图 1.1。在新模型中,DeLone 和

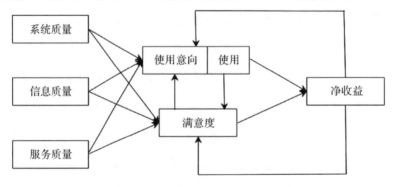

图 1.1　改进的 D&M 模型

McLean 根据 Pitt 等的建议[27]加上了服务质量,并将原模型的个人影响和组织影响合并为净收益。

改进后的 D&M 模型考察了系统质量、信息质量和服务质量对用户满意度的作用,并研究了满意度对用户使用意向的影响。其中系统质量指系统的易用性、功能性和访问速度,信息质量指信息的准确性、时效性和完整性,服务质量指社区服务的可靠性、响应性和移情性。满意度指用户在使用信息系统后对系统的信息质量、服务质量和系统质量的满意程度。

信息系统成功模型已经被众多学者应用于多个领域的研究,证实了该模型具有普适性。开放式创新社区是基于互联网建立的虚拟社区,所以 D&M 模型中的三个质量因子也是影响开放式创新社区运营效果的因素。开放式创新社区的主要使用群体就是社区用户,用户对社区的满意度决定用户是否忠诚,用户对社区的忠诚度将会显著影响用户在社区的行为。因此,本研究采用 D&M 模型来考察平台质量对用户知识分享意愿的影响是合适的。

1.2.4 交互体验

本研究的交互体验指的是用户在使用开放式创新社区后,对社区平台的总体感受,包括流体验、信任和满意度。

1.2.4.1 流体验

流体验源于心流理论(flow theory),由心理学家 Csikszentmihalyi 于 1975 年提出。[28]他认为流体验是人们全身心投入且深度沉迷于某项活动时所产生的积极反馈,是人们沉浸在所处的环境中,无法感知周围变化的一种心理状态。表 1.4 列出了学术界对流体验的一些定义。

表 1.4　流体验的定义

定　　义	文　献
指人们全身心投入某一项活动之中,感受不到时间的流逝,不再需要外部刺激的一种感受。	[29]
指人们交互行为的娱乐性与探索性,通常用专注、沉浸、控制和好奇来反映。	[30]
指个人满足目前生活状态,且不感到担忧的一种控制感。	[31]
指个人感受不到时间流逝时自发产生的感受。	[32]

从表 1.4 可以发现,这些定义与 Csikszentmihalyi 对流体验的定义有相似之处,都是关于沉浸某项活动的感受,故而本研究认为流体验反映了用户全身心投入活动之中且不再关心其他内外部刺激的一种心理状态。

研究发现,流体验将影响用户的分享行为、购买意愿、使用行为等。Zhou 等研究手机游戏用户的行为时发现,使用情景对手游用户接受意愿的影响最大。[33]王新新和陈润奇研究流体验对购物网站用户行为的作用时发现,流体验会正向显著影响用户购买态度:顾客获得的流体验越强,购买意向就越强。[34]叶晓茵通过分析社交网站用户参与行为,指出用户在网站中感受到的社会交互氛围越强烈,沟通越频繁,用户就越容易产生流体验,越愿意参与网站活动。[35]

1.2.4.2　信任

信任(trust)这一概念由美国学者 Deutsch 在 1958 年提出,[36]其在研究因徒困境实验时将信任引入心理学领域。Deutsch 认为信任对方就表示愿意接受对方可能带给自己伤害的风险。由于其复杂性和抽象性,信任在不同学科领域有不同定义,见表 1.5。

表 1.5　信任在不同学科领域的定义

学　科	定　义
管理学	指的是信任方放弃了对被信任方的怀疑和控制,愿意暴露自己的弱点使自己处于风险中,相信对方不会伤害自己的利益。
社会学	指双方的一种依赖关系。双方存在某种程度上的交换关系,一方必须依靠另一方才能实现效益。
心理学	是一种坚定不移的信念,这种信念维持着社会的稳定。
广告学	存在于变化的环境之中,是人与组织之间互相预测对方行为且依赖对方,相信对方会按原计划行动。
传播学	指对他人能力、善意和知识的假设,认为对方是相信自己的,会考虑自己的利益。

1.2.4.3　满意度

满意度概念来源于客户满意度(customer satisfaction)。[37]关于满意度的定义,不同学者给出了不同的定义,见表 1.6。

表 1.6　满意度的定义

定　义	文　献
顾客对产品或服务的性价比的评价,有可能高于或低于客户的满足感。	[38]
满意度是顾客所假想的水平,是人们对产品的期望与实际绩效的比较。	[39]

满意度反映了用户在使用产品后获得的绩效与其预期比较后的结果。在开放式创新社区中,满意度指的是社区用户在使用社区后,对社区总体质量的评价。当感知绩效等于或超过其心理预期值时,用户会觉得"满意"。

1.3　研究模型与假设

研究模型如图 1.2 所示。模型左侧主要考察用户关系对分享意愿的作用,并分析社会交互(包括信息交互、情感交互)对社会资本(包括结构维、关系维和认知维)的影响。模型右侧主要考察社区质量对分享意愿的作用,分析社区质量(系统质量、信息质量和服务质量)对用户交互体验(流体验、信任和满意度)的作用。

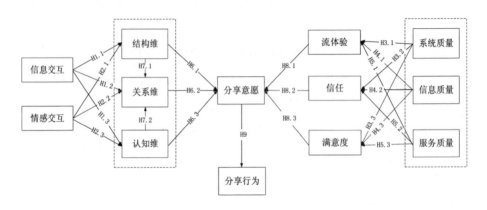

图 1.2　理论模型

1.3.1　社会交互对社会资本的影响

随着移动网络的发展,人与人之间的交互不再受时间以及空间的限制,交互行为也越来越倾向于线上的虚拟互动。按照 Welbourne 等对人人交互的划分[19],本研究着眼于信息交互和情感交互对社会资本的作用。社会交互和社会资本属于影响开放式创新社区用户行为的用户关系因素。信息交互指社区用户自愿在平台上发布帖子、回复评论、分享信息等交流互动行为,可以是个人独立行为,也可以是群体讨论行为。情感交互指社区用户愿意在社区发表个人情绪感受,愿意与社区其他用户讨论个人的情感隐私问题。本研究参考 Nahapiet 和 Ghoshal 对社会资本的三维度划分[15],研究结构维、关系维和认知维资本对用户知识分享行为的作用。结构维资本指社区用户之间的交互连接程度和关系强度,包括互动频次和经历等。关系维资本指社区用户之间的人际关系,如信任、互惠和认同关系。认知维资本指用户对社区文化和价值观的共同认知,可以通过共同语言和共同愿景来衡量。

1.3.1.1　社会交互与结构维资本

Tsai 和 Ghoshal 认为社会交互是信息和资源的流通通道,个体通过社会交互可获得信息资源。[40]Phang 等的研究结论显示,用户间有效的交互行为可以提高其参与水平。[41]群体之间沟通互动越频繁,交流的内容就会越广泛。开放式创新社区用户之间的信息交互,有助于增强用户关联程度,促进结构维社会资本的建立。Chang 对社交网站用户交互行为的研究发现,有效的信息交互有助于用户获得流体验,用户参与社区活动的满意度提高会增强用户社区忠诚度,提升用户间的沟通频率。[42]

开放式创新社区中的信息内容可以分为两类:社区运营者发布的内容(professional generated content,PGC)以及用户日常讨论的内容(UGC)。其中社区 UGC 所占比例远高于 PGC。用户间高频率的交流会增强群体关联程度,关联程度越强,群体联系越紧密,企业才能源源不断地增加创意储备量。例如华为花粉俱乐部的社区知识内容主要与华为企业的产品有关,其中大部分是有关华为手机的内容。社区用户基本上都是华为品牌的热爱者,社区各个版块每天都会更新很多帖子。其中值得注意的是,当花粉俱乐部社区活跃度下降时,社区运营者将会通过发布投票帖或有奖意见征集帖等行为主动促进用户间的信息交互,保持群体间的社会交互连接。因此,本研究假设:

H1.1:信息交互对结构维资本有显著影响。

开放式创新社区用户的信息交互是社区交互连接的基础,情感交互则是社区用户交流内容的升华。随着沟通频率的增加,用户已经不满足于单纯的信息交互,而开始在开放式创新社区抒发个人心理感受,表达自己对产品的不满或喜爱的情绪。王婷婷等通过研究开放式创新社区用户反馈的作用,发现同行的认可有助于促进用户交互行为,对用户持续性发表创意具有正向促进作用。[43]Liang 和 Chen 指出在在线社区中,若卖家抱着和买家成为朋友的情感去交流,积极地帮助买家解决各种问题,那么买家会更加愿意参与沟通。[44]社区用户与其他用户进行情感交流,有助于用户建立对社区的归属感和依赖感,促使用户投入更多精力参加社区活动。用户对社区满意度越高,就越会主动参与社区活动。例如在小米社区,社区运营者在社区圈子里加入了游戏版块,如王者荣耀小分队和英雄联盟小分队,让社区用户不仅可以就社区产品进行讨论,也可以组队打游戏增强感情,这样既提升了沟通频率,又加强了用户之间的交互连接关系。因此,本研究假设:

H2.1:情感交互对结构维资本有显著影响。

1.3.1.2 社会交互与关系维资本

信息交互将有助于缓解不确定性和风险性,建立用户对社区成员的信任。用户间持续性信息交流有助于提升用户间的熟悉感和亲密度。Rousseau 等指出,持续的信息交互是用户形成信任关系的基础。[45]Welbourne 的研究发现,在线健康社区用户间通过信息交流会产生认同情感。[19]周涛等发现在知识付费平台中,用户通过与其他用户产生足够的信息交互会对社区产生认同感,用户之间也会更加信任对方。[46]因此,本研究假设:

H1.2:信息交互对关系维资本有显著影响。

情感交互基于信息交互,是比信息交互更深层次的交流,相对于信息交互,情感交互能促进社区成员形成更加紧密的社会关系。Wicks 等指出群体间的情感交互会形成一条情感纽带,这种纽带关系某种程度上超越了理性的预测程度。[47]高频率的情感交互将有助于社区用户建立对善意的信任。用户间通过情感交互,更容易形成密切关系和社区凝聚力,增强用户对社区的依附感。楼天阳和陆雄文指出用户参与社区的情感互动越多,表明用户在社区的虚拟角色卷入程度越深,对社区产生的依附感和归属感也就越强,社区用户间建立的关系也就会越亲密,从而更容易形成认同和信任关系。[48]对于开放式创新社区的运营者而言,如何留住用户,使其成为社区的忠实用户是个难题。通过促进用户间的情感交流,让用户认同彼此,不仅在社区中获得所需的知识内容,还能交到朋友,这样才能真正留住用户,让用户主动为社区做贡献。因此,本研究假设:

H2.2:情感交互对关系维资本有显著影响。

1.3.1.3 社会交互与认知维资本

开放式创新社区中用户间信息交互的途径有很多,比如点赞、转发、评论其他用户的帖子、参加社区组织的活动、用户主动发布帖子等。信息交互行为发生得越频繁,用户在社区就会越活跃,用户对社区和其他用户也更加了解。根据从众心理,用户很容易被群体同化,形成基于社区的共同语言和共同愿景。比如威锋论坛,一个围绕苹果产品的论坛,每当苹果公司推出一个新系列产品时,其社区群体总是能在第一时间通过论坛发布的内容,记住这个产品的相关术语,形成群体间新的社区共同语言,并且影响其他新加入的用户。Chen 等通过研究网站质量和社会资本对建立买家忠诚度的作用,指出社区用户信息交互显著影响用户的认知维资本和共同认知。[49]因此,本研究假设:

H1.3:信息交互对认知维资本有显著影响。

开放式创新社区中用户关于情感的交流也会促进共同语言的形成,促进用户间的情感支持。情感交互能创造并长久保持社区用户间的友好关系,提供社区良好的知识创造氛围,提高用户的社区活跃度。用户通过长期有效的情感交流,既能增加社区专业知识,达到与其他用户相同的专业水准,也能促进用户间共同语言的形成。Xiang 等发现社会交互对顾客的冲动购买意愿有着显著的正向作用,[21]这是因为已经购买的用户和打算购买的用户,对产品形成了共同的了解。在开放式创新社区中,情感交互将有助于用户产生共鸣,形成认知资本。因此,本研究假设:

H2.3:情感交互对认知维资本有显著影响。

1.3.2　平台质量对交互体验的影响

基于信息系统成功模型,平台质量包括系统质量、信息质量和服务质量。用户的交互体验包括流体验、信任和满意度三个变量。交互体验反映了用户使用社区平台的感受。其中,满意度指用户在使用社区后对系统功能及平台内容等的整体态度。信任指对社区的功能、信息质量等的认可。流体验指用户在使用社区后发自内心的感受,如兴奋、满足和自我激励等。

1.3.2.1　平台质量与流体验

心理学家 Csikszentmihalyi 将流体验定义为个体全身心投入到某活动中去的感觉,包括沉浸感、愉悦和充实感等。系统质量反映了开放式创新社区的访问速度、系统稳定性、页面设计及搜索等方面功能的情况。如果社区的功能缺乏、跳转卡顿、响应时间过长、反馈不及时等,必然会使得用户花费过长时间等待,导致其对社区丧失耐心。Guo 和 Poole 研究了在线购物行为,发现用户感知网站的复杂度越高,越难产生流体验。[50]Zhou 等在研究移动网站用户忠诚度时发现,网站系统质量越高,用户越易达到流体验。[33]因此,本研究假设:

H3.1:系统质量对流体验有显著影响。

信息质量指社区知识内容的准确性、可读性、新颖性、及时性和完整性。对目前较有名的国内外开放式创新社区的研究发现,社区的知识内容来源于两方面,社区运营者发布的 PGC 和社区用户发布的 UGC。对于一个成功的开放式创新社区而言,需要根据社区群体的需要生产知识内容。社区 PGC 应该遵循社区规则,在保证信息时效性的同时也要符合用户的兴趣,保证 PGC 与 UGC 内容相一致,这样才能迎合用户口味,增强用户对信息内容的注意力,使得用户在浏览社区知识内容时感到愉悦。比如小米社区和花粉俱乐部,因为当年入耳式无线蓝牙耳机非常火爆,这两个企业社区火速根据用户兴趣生产该类产品,并就产品功能在论坛发表介绍和意见征集帖来调动用户对社区产品的兴趣,提升社区活跃度。Zhou 等在研究移动社交网站用户忠诚度时,发现信息质量与用户的心流体验相关,心流体验最终会影响用户对网站的忠诚度。[33]因此,本研究假设:

H4.1:信息质量对流体验有显著影响。

服务质量反映了开放式创新社区专业性,包括及时性、可靠性和个性化等。其中,针对用户个性化特征而采用人工服务的社区更能体现其专业性和责任心。留住用户主要还是依靠社区运营者提供的服务,如星巴克社区(Starbucks community)的定制化信息推送、产品更新提醒服务等人性化服务。开放式创新社区提供的全天候人工服务和机器人客服服务,对于用户而言,不仅满足了其使用社区的兴趣,提升了用户的体验,也让用户感受到自己是社区的一员。叶晓茵在研究社交网站用户参与行为时,发现用户在网站中感受到的社会交互越强,沟通越频繁,就越容易产生流体验,越愿意参与网站活动。[35]因此,本研究假设:

H5.1:服务质量对流体验有显著影响。

1.3.2.2 平台质量与信任

信任主要指用户对开放式创新社区的信任,即用户信任社区的专业性、信息的可靠性以及内容的准确性等等,相信社区能提供符合自己需要的知识内容。

快速响应用户的需求、流畅的访问速度是开放式创新社区提供服务的基础,根据用户的需求设计系统功能,满足用户的个性化需求是社区长久健康运营的保障。随着互联网的普及,需要更加重视社区安全性和用户的隐私问题,目前所有的开放式创新社区都要求新注册用户提供个人信息。这可以确保实名制,提高社区信息内容的可信度,但同时可能导致用户产生不安全感,担心个人隐私的泄露。故而,构建一个安全的社区环境,提供可靠的系统平台,是推进用户对社区平台产生信任的前提。因此,本研究假设:

H3.2:系统质量对信任有显著影响。

信息质量反映的是用户对开放式创新社区所提供的信息能否满足其需求,信息是否及时、准确等的评价。目前大多数开放式创新社区在信息质量方面存在两个问题:一是每日更新信息量少,用户无法从知识库中搜索到最新的符合自己需求的答案;二是社区知识内容太多,知识冗余严重,质量参差不齐,用户需要花费一定时间寻找所需内容。平台的信息质量与用户的信任密切相关,用户对平台的信任影响到其忠诚度。因此,本研究假设:

H4.2:信息质量对信任有显著影响。

服务质量反映的是开放式创新社区提供的服务水平,是社区知识内容和系统功能之外的影响用户社区忠诚度的因素。服务质量体现了社区的专业化和人性化特征。如海尔社区,设置用户生日祝福功能、提供免费产品试用功能、开展社区公益大讲堂等活动,反映出海尔社区的专业性和人性化特点,增强了用户对社区的信任以及忠诚度。因此,本研究假设:

H5.2:服务质量对信任有显著影响。

1.3.2.3　平台质量与满意度

满意度反映了用户对消费后的体验与消费前的期望比较后所产生的心理状态。[38]对开放式创新社区用户而言,当体验感达到或者超过期望时,用户对社区会感到满意。DeLone 和 McLean 在改进的信息系统成功模型中提出,系统质量、信息质量和服务质量对满意度有影响。[51]

开放式创新社区为用户提供的安全可靠的系统环境、运行流畅的页面内容、高效的搜索引擎等技术功能都是社区的系统质量的体现。系统质量的优劣是社区长久良好运行的基础。已有研究表明,网站的可靠性、安全性、稳定性及隐私性都是满意度的驱动因素。而开放式创新社区作为为社区用户提供知识内容和交流平台的虚拟在线社区,其功能品质将会直接影响用户的满意度。因此,本研究假设:

H3.3:系统质量对满意度有显著影响。

传播学的使用与满足(uses and gratifications,U&G)理论以受众的心理需求和心理动机为基础,解释了个人使用媒介是为了满足具体需求。DeLone 和 McLean 将信息质量划分为信息的准确度、关联度、精确度和完整性。[51]根据开放式创新社区的特征,本研究认为信息质量包括社区信息是否具有时效性、知识内容是否准确可信、知识内容是否易于理解等方面。已有研究证实了系统的信息质量对用户满意度存在影响。因此,本研究假设:

H4.3:信息质量对满意度有显著影响。

已有文献在研究开放式创新社区用户行为时,考虑了用户关系、社区技术功能、信息内容质量等因素,但很少考虑到服务质量对用户行为的影响。服务质量是用户对服务提供商所提供支持服务的评价,是满意度的前置变量。在开放式创新社区中,服务主要来自社区运营者对用户提供的公益性服务,包括产品技术问题的解答、产品更新功能的介绍、举办公益大讲堂等。服务质量可能与用户的满意度呈正相关。因此,本研究假设:

H5.3:服务质量对满意度有显著影响。

1.3.3　社会资本对分享意愿的影响

1.3.3.1　结构维资本与分享意愿

开放式创新社区中,用户通过频繁的社会交互建立关系连接。社会交互连接反映了用户在社交网站中与其他用户的交互时间、亲密程度、交流频率。长时间的社会交互需要双方投入大量时间和精力,亲密的社会交互关系使得用户不愿意轻易离开,因为离开所带来的沉没成本是巨大的。用户愿意在社区里分享知识以维持已经建立的社会交互连接。Shang 等研究了社交网站用户的购买意向,发现用户间的社会交互连接显著影响用户的购买意愿。[52]在开放式社区中,用户间社会交互行为越频繁,用户间交互连接越紧密,用户就越愿意在社区发表知识内容。因此,本研究假设:

H6.1:结构维资本对分享意愿有显著影响。

1.3.3.2　关系维资本与分享意愿

关系维社会资本主要指用户间的信任关系、认同关系和互利互惠关系等。当社区用户认同彼此的能力,认为参与社区互动能贡献自己的才能并得到所需要的知识时,用户间就建立了关系维社会资本。开放式创新社区作为虚拟在线社区,用户间信任度不高,但随着社区用户交互次数的上升,用户间会逐渐建立起信任关系。信任关系的建立将创造并维持用户间交换关系。基于互惠和公平原则,用户在获得社区其他用户提供的创意后,将会主动分享自己的创意以维持相互间的关系连接。用户对社区强烈的认同感将有助于促进用户分享意愿和分享行为。因此,本研究假设:

H6.2:关系维资本对分享意愿有显著影响。

1.3.3.3　认知维资本与分享意愿

在开放式创新社区中,用户使用的共同语言和对社区的共同愿景反映了认知维社会资本。共同愿景反映了社区用户间的共同兴趣、目标和愿景,共同语言指的是社区用户所共有的行业、术语(简称行话)或表达方式。研究表明,有共同语言的人互动时更容易理解对方所要表达的信息。在拥有共同语言的基础上,社区用户也更容易形成社区共同的价值观和共同愿景。

Chen 等研究了网站质量与社会资本的关系,指出认知维显著影响社区用户的忠诚度。[49]社区用户通过使用共同语言进行沟通,使得双方更透彻地理解交流内容,感受到与其他用户的相似性,增加用户和其他具有相同背景用户的沟通频率。共同的认知使得用户间更愿意交换信息和分享创意。因此,本研究假设:

H6.3:认知维资本对分享意愿有显著影响。

1.3.3.4　结构维资本与关系维资本

结构维资本是关系维资本的先决条件,社会交互连接促进信任、互惠和认可关系的形成。社区用户在社区所花费的时间越多,与其他用户沟通得越频繁,用户群体之间的关系就会越紧密。随着群体关系的紧密,信息及情感交流沟通内容就会更加深入、更加专业化,这很容易使用户之间产生情感认同,认同别人的专业水准和能力。Hsiao 和 Chiou 指出信任往往来自用户间的交流互动。[53]开放式创新社区中用户花费大量时间高频率地参与社区互动,将增加该用户和社区其他用户的关系强度,用户间也会更加了解和信任对方。因此,本研究假设:

H7.1:结构维资本对关系维资本有显著影响。

1.3.3.5 认知维资本与关系维资本

在开放式创新社区中,用户可以浏览网页内容,查看新产品、新功能,发表个人想法,评论他人帖子或发表建议。在这些过程中,如果用户使用共同的行业术语,其他专业用户或社区忠实用户就更容易对该成员产生认同。同时,如果其他专业用户或社区忠实用户经常使用社区共同术语进行社区互动,也会使新用户感受到社区的专业性,并信任老用户的观点。Lu 和 Yang 也证实交易双方通过有效的社会交互行为将建立互利互惠和互相信任的关系。[54]开放式创新社区用户间基于共同的专业用语进行社区间交流互动,提升用户对社区的归属感和依赖感,从而发展关系维资本。因此,本研究假设:

H7.2:认知维资本对关系维资本有显著影响。

1.3.4 交互体验对分享意愿的影响

本研究使用流体验、信任和满意度来反映交互体验。分享意愿指的是用户在开放式创新社区中主动分享创意知识的态度。根据 TRA 理论(theory of reasoned action,理性行为理论),个人对行为结果的认知和价值的评估,会影响个人的行为态度,而态度最终会影响个人对某一行为的意向。

用户线上行为意向很大程度上取决于用户在社区的体验。一些学者对购物网站的研究发现,消费者的体验越好,对社区的参与度就越高;流体验包括的愉悦感和专注度将会影响用户的持续购买意愿。流体验使得用户沉浸于社区活动,心情愉悦的状态将会促进用户的分享意愿。因此,本研究假设:

H8.1:流体验对分享意愿有显著影响。

很多学者认为影响用户分享意愿的前置因素是信任。用户信任度越高，对社区的认可度就会越高，用户行为意愿也就会越强。Chiu 等基于社会资本理论和社会认知理论研究虚拟社区知识分享时，发现社区用户的分享意愿与信任显著相关。[55] Hsu 等研究了在线虚拟社区用户的知识分享行为，发现社区要想增强用户分享意愿，就需要增强用户对社区的信任。[56] 因此，本研究假设：

H8.2：信任对分享意愿有显著影响。

满意度反映了用户对社区系统质量、信息质量、服务质量的总体评价。用户的满意程度往往决定了其是否会积极参与社区活动。大量研究表明，信息系统用户的满意度与用户行为存在正相关关系。因此，本研究假设：

H8.3：满意度对分享意愿有显著影响。

1.3.5 分享意愿对分享行为的影响

根据计划行为理论和技术接受理论，用户的行为意向反映了用户实施该行为的可能性，行为意向可以直接用来预测行为。因此，本研究假设：

H9：分享意愿对分享行为有显著影响。

1.4 实证研究与结果

1.4.1 量表设计与数据采集

本研究的模型共有 12 个因子，各因子包含 3 个或 4 个测量指标，研究使用李克特五级量表，得分 1 表示完全不同意，得分 5 表示完全同意。研究所采用的测量指标均来自外文经典文献的成熟量表，并根据研究背景进行了适当的调整，以使得指标内容更加合理。

1.4.1.1 平台质量

平台质量指标来源于 DeLone 和 McLean 的信息系统成功模型。本研究参考 Zhou 的研究[57]，通过系统质量、信息质量和服务质量来反映平台质量。系统质量指的是社区系统的操作性能、访问速度及界面设计等；信息质量指的是社区信息的可靠性、相关性及全面性等；服务质量指的是社区服务的个性化、专业化及及时性等。每个因子都包含 4 个测量指标。平台质量的测量指标及内容见表 1.7。

表 1.7 平台质量测量指标

变　量	指　标	指标内容	来　源
系统质量 （SYQ）	SYQ1	该社区平台易于操作。	[57]
	SYQ2	该社区平台搜索导航功能强大。	
	SYQ3	该社区平台界面设计具有吸引力。	
	SYQ4	该社区平台访问速度快。	
信息质量 （INQ）	INQ1	该社区平台提供的信息与我的需求相关。	
	INQ2	该社区平台提供的信息是充分全面的。	
	INQ3	该社区平台提供的信息是准确无误的。	
	INQ4	该社区平台提供的信息是最新的。	
服务质量 （SEQ）	SEQ1	该社区平台提供快速的响应。	
	SEQ2	该社区平台提供的服务是专业的。	
	SEQ3	该社区平台提供的服务是个性化的。	
	SEQ4	该社区平台提供的服务是可靠的。	

1.4.1.2　社会交互

由于社会化媒体的快速发展,社会交互的类型也日益丰富,用户间的交互渠道变得多种多样。本研究主要探讨用户间信息交互和情感交互对社会资本的作用。其中信息交互指的是开放式创新社区用户间的信息沟通交流,比如解答社区问题、提出问题、发表意见及看法等。情感交互指的是用户把社区作为个人情感的倾诉点,主动分享个人情感的同时也愿意参与其他用户的情感交流。社会交互的测量指标及内容如表 1.8 所示。

表 1.8　社会交互测量指标

变　量	指　标	指标内容	来　源
信息交互 (II)	II1	在需要时,我会向该社区其他成员寻求帮助。	[58]
	II2	我会和其他成员讨论社区平台的功能与使用问题。	
	II3	我会和社区成员分享有趣的想法。	
	II4	我会收到社区成员分享的有趣信息。	
情感交互 (EI)	EI1	在需要时,我会向社区成员寻求安慰。	
	EI2	我愿意倾听社区成员的喜怒哀乐。	
	EI3	我可以和社区成员讨论私人问题。	

1.4.1.3　社会资本

社会资本蕴含在社交网络中,是网络成员所共有的资源总和。社会资本分为三个维度,分别是关系维、结构维和认知维。结构维表现为社区用户之间的交互连接,如互动频率等;关系维描述的是社区用户之间通过互动所建立的人际关系;认知维指的是社区用户的共同语言和认知。社会资本的测量指标参考 Sun 等的研究[59],具体内容见表 1.9。

表 1.9　社会资本测量指标

变　量	指　标	指标内容	来　源
结构维 （SC）	SC1	在该社区,用户之间维持着密切的社会关系。	
	SC2	在该社区,用户之间花费很多的时间互动。	
	SC3	在该社区,部分用户在私人层面上互相认识。	
	SC4	在该社区,用户之间有着频繁的交流。	
关系维 （RC）	RC1	在该社区,用户之间互相尊重。	[59]
	RC2	在该社区,用户之间互相信任。	
	RC3	在该社区,用户之间互惠性很高。	
	RC4	在该社区,用户之间具有个人友谊。	
认知维 （CC）	CC1	在该社区,用户之间使用共同的行话或术语。	
	CC2	在该社区,用户之间使用可以理解的交流模式。	
	CC3	在该社区,用户之间使用可以理解的表达方式。	

1.4.1.4　交互体验

交互体验包括流体验、信任和满意度。流体验反映的是社区用户访问社区及参与社区活动时沉浸其中并感到兴奋的状态;信任指的是用户对社区平台的信任,如信任平台的专业性、安全性及可靠性等;满意度指社区用户使用社区平台后的满意愉悦度。流体验、信任和满意度的指标参考 Zhou 的研究[57],具体内容见表 1.10。

表 1.10　交互体验测量指标

变　量	指　标	指标内容	来　源
流体验 （FE）	FE1	在访问该社区时,我沉浸于所参与的活动。	[57]
	FE2	在访问该社区时,我感觉一切都在掌控中。	
	FE3	在访问该社区时,我很快乐。	
信任 （TRU）	TRU1	该社区平台是可信的。	
	TRU2	该社区平台是信守承诺的。	
	TRU3	该社区平台关注用户的利益。	
满意度 （SAT）	SAT1	使用该社区平台让我感到满意。	
	SAT2	使用该社区平台让我感到满足。	
	SAT3	使用该社区平台让我感到愉悦。	

1.4.1.5　知识分享

用户知识分享意愿反映的是社区用户现在及将来愿意在社区分享知识,知识分享行为描述的是现在及将来用户在愿意分享知识的基础上付诸行动。知识分享意愿测量指标参考 Lin 的研究[60],知识分享行为指标参考 Lu 等的研究[61]。指标具体内容见表 1.11。

表 1.11　知识分享测量指标

变　量	指　标	指标内容	来　源
分享意愿 （KSI）	KSI1	未来我愿意和社区成员更频繁地分享知识。	[60]
	KSI2	我将试着和社区成员分享知识。	
	KSI3	我将尽力和社区成员分享知识。	
	KSI4	我愿意向社区中有需要的人分享知识。	
分享行为 （KSB）	KSB1	在开放式创新社区平均每月发布或评论信息的次数。	[61]

1.4.2　人口统计学特征分析

性别方面,本研究收集的数据中男性 245 人,占比为 51.69%;女性 229 人,占比为 48.31%。性别比例符合目前我国网民性别结构。

年龄方面,样本数据中 20~29 岁人数最多,占比为 72.78%;其次是 19 岁及以下人数,占比为 17.72%;20~40 岁人数占比为 79.11%,是我国移动互联网网民的主要组成部分。

学历方面,样本数据中 90.30% 的人具有大专及以上的学历,表明社区用户整体受教育水平较高。接受过高等教育的用户往往拥有更好的理解能力和沟通能力,能较快学习新的知识并发表个人看法。

使用频率方面,社区每周使用频率在 5 次以下的样本占比为 71.73%,使用频率在 10 次及以上的样本占比为 11.60%。样本数据反映出开放式创新社区使用频率低、社区活跃性差等问题。

使用经验方面,使用时间在 1 年以下的用户占比为 41.57%,使用社区时间在 5 年及以上的用户占比为 10.97%。随着国家对企业自主创新的支持,越来越多用户选择参加开放式创新社区。开放式创新社区在新用户积极加入的同时也出现了老用户流失严重的问题,社区难以留住用户。

使用偏好方面,发现以数码产品为中心的开放式创新社区占比较高,其中小米社区占比为 24.68%,威锋论坛占比为 18.99%,MIUI 论坛占比为 19.41%,oppo+占比为 21.31%,花粉俱乐部占比为 20.68%,vivo 社区占比为 20.25%。其次占比较高的是以智能家电为中心的开放式创新社区,累计占比达到 75.23%。再次是快消品类开放式创新社区,累计占比达到 39.24%。

1.4.3　信度与效度分析

本研究对数据采取两步分析,分别是测量模型分析和结构模型分析。第一步利用统计软件 SPSS 20.0 检验量表的信度与效度。信度(reliability)指测量结果的可靠性、一致性、稳定性,效度(validity)衡量的是测量结果的有效性。第二步利用结构方程模型分析软件 LISREL 检验模型结构,验证假设。

　　首先考察量表的信度和效度,发现所有因子的 Alpha 系数都大于 0.84,说明问卷具有良好的信度。本研究采用验证性因子分析(CFA)研究测量模型的效度。根据表 1.12,可以发现所有因子标准负载均大于 0.7,复合信度(CR)均大于 0.8,各因子平均提取方差值(AVE)均大于 0.5,说明测量模型具有较好的收敛效度。

表 1.12　CFA 结果

因　子	指　标	标准负载	AVE	CR	Alpha
SYQ	SYQ1	0.812	0.657	0.884	0.884
	SYQ2	0.791			
	SYQ3	0.831			
	SYQ4	0.807			
SEQ	SEQ1	0.858	0.739	0.919	0.919
	SEQ2	0.864			
	SEQ3	0.858			
	SEQ4	0.859			
INQ	INQ1	0.773	0.637	0.875	0.874
	INQ2	0.760			
	INQ3	0.862			
	INQ4	0.793			
FE	FE1	0.779	0.678	0.863	0.862
	FE2	0.836			
	FE3	0.853			
TRU	TRU1	0.844	0.675	0.862	0.862
	TRU2	0.812			
	TRU3	0.809			

续表

因　子	指　标	标准负载	AVE	CR	Alpha
SAT	SAT1	0.849	0.664	0.856	0.854
	SAT2	0.838			
	SAT3	0.755			
II	II1	0.825	0.725	0.913	0.913
	II2	0.872			
	II3	0.865			
	II4	0.842			
EI	EI1	0.873	0.788	0.918	0.918
	EI2	0.890			
	EI3	0.900			
RC	RC1	0.824	0.666	0.889	0.888
	RC2	0.842			
	RC3	0.838			
	RC4	0.758			
SC	SC1	0.853	0.746	0.921	0.921
	SC2	0.858			
	SC3	0.878			
	SC4	0.865			
CC	CC1	0.886	0.786	0.917	0.916
	CC2	0.901			
	CC3	0.872			
KSI	KSI1	0.728	0.582	0.848	0.847
	KSI2	0.793			
	KSI3	0.759			
	KSI4	0.770			

　　表 1.13 列出了 AVE 的平方根(黑体)与各潜变量的相关系数,各 AVE 平方根值均大于该变量与其他变量的相关系数值,这表明测量模型判别效度良好。

表 1.13　潜变量的相关系数及 AVE 的平方根

	SYQ	SEQ	INQ	FE	TRU	SAT	II	EI	RC	SC	CC	KSI
SYQ	**0.822**											
SEQ	0.133	**0.860**										
INQ	0.059	−0.021	**0.798**									
FE	0.160	0.140	0.332	**0.823**								
TRU	0.049	−0.002	0.167	0.078	**0.822**							
SAT	0.210	0.193	0.118	0.056	0.022	**0.815**						
II	0.109	0.112	0.017	0.085	0.204	0.084	**0.851**					
EI	0.032	0.013	−0.005	0.113	0.105	0.020	0.324	**0.888**				
RC	0.002	−0.016	0.050	0.174	0.029	−0.012	0.097	0.242	**0.816**			
SC	0.004	0.080	0.061	0.125	0.145	0.043	0.294	0.343	0.149	**0.864**		
CC	0.094	0.025	−0.037	−0.027	0.197	−0.065	0.146	0.025	0.366	0.469	**0.887**	
KSI	0.049	0.024	0.031	0.222	0.292	−0.010	0.321	0.293	0.126	−0.020	0.215	**0.763**

1.4.4　模型假设检验

本研究采用结构方程模型分析软件 LISREL 对模型的拟合优度进行测量,检验假设是否成立。模型拟合指数如表 1.14 所示,卡方与自由度的比值(χ^2/df)应小于 3;本研究 χ^2/df 值为 1.378。RMSEA 是近似误差均方根,越接近于 0 表明拟合效果越好;本研究 RMSEA 为 0.015。拟合优度指数(GFI)位于 0 和 1 之间,且越接近于 1 拟合效果越好;本研究 GFI 为 0.919。AGFI是调整的拟合优度指数,取值范围与 GFI 一致;本研究 AGFI 为 0.903。规范拟合指数(NFI)、非规范拟合指数(NNFI)与比较拟合指数(CFI)是三个相对的测量指数;本研究 NFI 为 0.949,NNFI 为 0.992,CFI 为 0.993,均大于推荐值。这些拟合指数显示模型拟合效果较好。表 1.15 列出了假设检验结果。

表 1.14　模型拟合指数推荐值和实际值

	χ^2/df	GFI	AGFI	CFI	NFI	NNFI	RMSEA
推荐值	<3	>0.90	>0.80	>0.90	>0.90	>0.90	<0.08
实际值	1.378	0.919	0.903	0.993	0.949	0.992	0.015

表 1.15　假设检验结果

假　设	变量关系	路径系数	显著性	结　果
H1.1	信息交互→结构维	0.21	***	支持
H1.2	信息交互→关系维	−0.02	不显著	不支持
H1.3	信息交互→认知维	0.16	**	支持
H2.1	情感交互→结构维	0.28	***	支持
H2.2	情感交互→关系维	0.20	***	支持
H2.3	情感交互→认知维	−0.02	不显著	不支持
H3.1	系统质量→流体验	0.12	*	支持
H3.2	系统质量→信任	0.09	不显著	不支持
H3.3	系统质量→满意度	0.18	***	支持
H4.1	信息质量→流体验	0.33	***	支持
H4.2	信息质量→信任	0.16	**	支持
H4.3	信息质量→满意度	0.11	*	支持
H5.1	服务质量→流体验	0.13	**	支持
H5.2	服务质量→信任	0.08	不显著	不支持
H5.3	服务质量→满意度	0.17	***	支持
H6.1	结构维→分享意愿	0.26	***	支持
H6.2	关系维→分享意愿	0.16	***	支持
H6.3	认知维→分享意愿	0.41	***	支持
H7.1	结构维→关系维	0.14	*	支持

假　设	变量关系	路径系数	显著性	结　果
H7.2	认知维→关系维	0.08	不显著	不支持
H8.1	流体验→分享意愿	0.17	***	支持
H8.2	信任→分享意愿	0.18	***	支持
H8.3	满意度→分享意愿	0.08	不显著	不支持
H9	分享意愿→分享行为	0.21	***	支持

注：* 表示 $p<0.05$；** 表示 $p<0.01$；*** 表示 $p<0.001$。

1.5　研究结果与启示

1.5.1　研究结果

下面对研究结果进行详细分析。

1.5.1.1　直接影响社区用户知识分享的因素

其一，社会资本的影响方面。

社会资本方面，结构维、关系维和认知维对社区用户知识分享意愿都有着显著正向影响，其中认知维（路径系数 0.41）比结构维（路径系数 0.26）和关系维（路径系数 0.16）作用更强。认知维资本通常表现为社区用户间的共同语言，共同语言将促进用户间更深层次的交流，建立社区用户共同的认知背景，拉近用户心理距离，增加用户社区归属感。结构维资本反映了社区用户之间的社会交互连接，社区用户之间日常互动行为越频繁，互动时间越长，用户间的关联就越紧密。这类活跃用户是不会轻易离开社区的，因为他们离开的沉没成本是巨大的。关系维资本通常表示为社区用户间的信任，如果社区用户之间缺乏信任，他们就不会参加社区互动，更不会主动分享知识信息。所以社区运营者要提升用户间的信任度,以此提高社区活跃度。社区运营者可以多举办一些集体活动,比如建立用户的可信度排行榜机制、设置信任度奖惩机制等。同时结构维对关系维有正向作用(路径系数 0.14),因此还可以通过增强用户交互连接来增进用户间的信任和认同。另外,认知维对关系维不存在影响,可能是因为用户在加入社区前已经拥有对企业产品和专业术语的相关了解,而社区用户间的认同和互惠关系是需要长时间建立和发展的,这就导致了认知维对关系维无显著作用。

其二,交互体验的影响方面。

本研究没有发现满意度对社区用户分享意愿的作用,原因可能为:开放式创新社区面临忠诚用户缺少的问题,大部分用户是新人并且每周很少使用社区,用户流失率较大,当这些新用户在使用社区过程中感到满意后,他们有可能继续浏览社区,但是对于分享知识及创建新内容,大部分新用户还是保持迟疑和观望态度。

信任(路径系数 0.18)和流体验(路径系数 0.17)显著正向作用于社区用户知识分享意愿。当社区用户对社区平台的信息质量、服务质量及系统质量非常信任时,其对社区的使用行为和互动频率也会显著提升,所以信任对于社区的长久运营十分重要。社区运营者可以从以下三方面提升用户信任和流体验:平台方面,要定期更新系统功能,维持用户新鲜感;知识内容方面,建议建立内容筛选机制,优化信息质量;用户方面,建立奖惩机制,定期举办活动提升用户活跃度。当社区用户通过使用社区获得流体验,并沉浸于社区活动时,说明社区提供的服务及知识内容符合用户的兴趣,用户也会更主动地参与社区交流和分享知识。

1.5.1.2 间接影响社区用户知识分享的因素

其一,社会交互的影响方面。

社会交互包括信息交互和情感交互,本研究发现,信息交互对关系维不存在影响作用。原因可能为：第一，开放式创新社区是一个创客社区，是一个大容量的资源网络，社区最不缺乏的就是知识信息，但是信息的质量、创新度和可靠度等参差不齐，影响了关系资本的建立；第二，由于信息交互对结构维作用较强，也可能是通过结构维间接对关系维产生影响。

研究也发现，情感交互对认知维不存在影响。可能是由于用户加入某个开放式创新社区前就已经具有对相关产品术语的认识和了解。此外，与信息交互相比，情感交互更加强调情感要素，是关于用户间的个人感受和私人情感等的交流。而开放式创新社区不是专业交友平台，因此情感交互对用户间的共同语言形成影响不大。

其二，平台质量的影响方面。

系统质量对流体验（路径系数 0.12）和满意度（路径系数 0.18）均有显著正向影响，这与已有的相关研究结果一致，表明社区的访问速度、可操作性及导航等系统功能对增强用户交互体验效果显著。服务质量对流体验（路径系数 0.13）和满意度（路径系数 0.17）均有显著影响。当社区提供专业可靠的服务时易吸引用户的注意力，因为目前很多在线社区普遍存在客服答复不及时的问题，用户的问题无法及时得到解决，用户就可能会流失。如果说系统质量和信息质量引导用户加入社区，那么服务质量则吸引用户留在社区，社区在提升用户交互体验时，应当重视平台服务功能的建设。研究结果显示，系统质量和服务质量对信任没有影响，这可能是因为用户加入社区的主要目的就是获取社区的知识信息，所以社区的系统质量和服务质量只会改善用户体验和提高满意度，并不会增加用户对社区的信任，因为信任主要来源于社区的信息质量。

1.5.2　启示

研究结果对开放式创新社区管理者有以下启示：

其一,重视社区交互氛围的营造。

首先,社区的发展壮大依靠的是社区用户的活跃度,社区用户基于共同兴趣爱好建立的弱关系是维持用户间交流的基础,所以运营者应当重视保护这种弱关系。其次,开放式创新社区由于知识内容太多太杂,很容易使用户找不到自己的圈子,出现被"隔离"的现象。所以建议社区建立一套高相似性用户自动推荐系统,根据用户日常关注的知识内容,推荐对应的知识圈和具有相似爱好的其他用户好友,这样既能间接提高社区用户日常交流频率,也可以形成良好的社区互动氛围。

其二,增强群体间的关联度。

开放式创新社区运营者可通过向用户输入企业价值观来加强用户间关联。社区运营者需关注社区共同语言的重要性,可安排工作人员定期对一段时间的搜索评论热词进行汇总,并加以专业解释再发布到社区论坛中,以间接帮助社区用户理解掌握社区专业词汇,提升用户对社区认可度,加强社区用户交互连接,促进用户知识分享行为。

其三,重视平台质量的提升。

目前国内大部分运营较好的开放式创新社区均属于电子产品领域。这类社区用户往往比较关心社区的整体运行效果。社区运营者要保证社区系统安全可靠,同时还要确保已实名注册用户的隐私不可泄露。社区运营者应重视平台客服人员的专业素养,对客服人员定期进行专业知识培训,保证用户获得及时专业的解答。同时社区可提供一些个性化服务,如个性化推荐等,提升用户对社区的归属感。社区运营者应重视社区的信息质量,定期更新社区内容,以维持用户对社区的新鲜感,同时建立知识内容筛选机制,过滤掉低质量交互内容,确保知识内容真实可信。

2 在线健康社区用户付费行为研究

2.1 在线健康社区

2.1.1 在线健康社区概念

随着经济的快速发展和国民健康意识的提高,大众对高质量医疗服务的需求逐渐增加,为解决线下医疗资源不平衡的问题,"互联网＋医疗"成为行业发展的新方向。根据第48次《中国互联网络发展状况统计报告》,我国网民规模达10.11亿,互联网普及率已达71.6％。同时,国家也出台了一系列政策大力推行互联网诊疗,明确提出支持"互联网＋医疗"新模式的发展。在线健康社区(online health community,OHC)作为互联网健康平台,积极响应国家号召,在新冠疫情席卷全球期间,纷纷推出在线医疗服务,帮助用户解决健康问题,缓解医疗资源紧张问题。国内外学者对在线健康社区开展了深入研究,但目前在线健康社区尚未有统一的定义。表2.1列举了部分有代表性的定义。

表 2.1　在线健康社区的定义

定　义	来　源
在线健康社区是一种健康应用程序,可以提供社会支持、医生问答、自我跟踪和临床试验访问等功能。	[62]
在线健康社区基于互联网平台,将一组患者、一组专业人员或两者结合起来,成员使用现代通信技术(例如博客、聊天软件和论坛)进行交互。	[63]
在线健康社区指由对健康话题有共同兴趣的成员组成的虚拟讨论小组。	[64]
在线健康社区是用户利用互联网平台就健康、治疗等相关问题进行交流、知识贡献、专家咨询等活动的在线社区。	[65]
在线健康社区是一个虚拟的论坛,供患者讨论他们的健康问题,分享治疗信息并与医生交流。	[66]
在线健康社区是一种重要的健康信息资源,可以帮助患者进行健康管理决策,满足其健康信息需求,获得同伴支持。	[67]
在线健康社区是一个健康论坛,成员可以在论坛上提出问题,分享健康知识和信息,并提供情感支持。	[68]

本研究将在线健康社区定义为一个以健康信息交流和情感慰藉为目的的在线社区。一方面,用户可以在健康社区中找到所需要的健康信息,信息来源主要是医生及其他用户的分享、专家的定期讲座和日常科普等。其中用户对医生分享的信息较为信任。从医生那里获得的健康风险评估、疾病预防诊断以及治疗方面的知识和建议,可以有效帮助用户改善身体状况。同时社区可以将有相似健康状况的用户联系起来,用户可以在相应的论坛中找到和自己有相同病症或经历的用户,互相交流经验,获得情感支持和慰藉。此举可能会改变用户的后续行为,包括健康期望、治疗决定和持续使用等。

2.1.2　在线健康社区分类

在线健康社区包括多种类型。范昊等按服务用户和交流模式的不同将在线健康社区分为在线医生—医生社区、在线医—患交互社区、在线患—患交互社区。[69]周涛等按照社区性质将其分为三类:①专业医疗平台,指提供专业健康咨询服务的平台,连接线下多家医院,数名医生入驻,提供专业的线上诊疗服务,如"微医""39 健康网"等;②社交平台中关于健康的部分,指社交平台中专门解决用户健康疑问的版块,用户通过交流健康信息获得情感慰藉,如"知乎健康""百度健康贴吧"等;③专业细分健康平台,指面向特定人群的健康平台,如"美柚""宝宝树孕育"等。[70]张薇薇和蒋雪将在线健康社区分为两类,一类是医患互动的社区,另一类是患友间相互交流的社区。[71]

本研究参考上述学者的分类标准及大部分在线健康社区的特点,将社区分为以下三类:

其一,医生—医生互动社区。指专属于医生的社交互动平台。社区中的医生可以与行业精英分享知识、交流经验与见解,方便快捷地获取行业动态,为彼此提供高质量的信息,同时医生还可以通过社区拓展人脉,扩大社交范围。典型社区有"云医""丁香园"等。

其二,患者—患者互动社区。主要是针对特定慢性病的互动社区。患友通过社区与其他用户沟通交流,缓解内心的焦虑,获得精神慰藉;同时可以分享自己的经验,解答其他用户的健康疑问。典型社区有糖尿病社区"甜蜜家园"等。

其三,医生—患者互动社区。主要是医生和患者进行沟通,目前大多在线健康社区都是此类互动社区。其最大的特点就是患者可以通过图文、电话等方式直接向医生咨询健康问题,同时还可以预约挂号、自我诊断等。由于当前国内医疗资源紧缺且分布不均匀,挂号难挂号贵成为一大难题,而在线问诊可以让患者突破时间和空间的限制,方便快捷地找到不同领域的专家进行询问。询问方式也很简单,只需上传报告或描述健康问题,便可在较短时间内获得专家的解答。用户还可以通过语音、视频通话的方式向医生询问。在用户最关心的价格方面,医生—患者互动社区设置的价格合理,较线下专家的挂号费有明显优势,还不定期推出"一元义诊""零元义诊"惠及大众。

典型社区有"春雨医生""好大夫在线"等。本研究聚焦此类社区,研究用户付费行为的影响因素。

2.1.3 在线健康社区研究现状

第一类研究以社区为主要视角,学者主要从社区服务、社区价值和社区管理这三个方面进行研究,以促进在线健康社区的持续发展。

在线健康社区的社区服务主要指挖掘用户的需求并提供针对性服务,同时改善用户的服务体验,如服务的质量、浏览界面的流畅性、导航的效果等。翟姗姗等以"有问必答"网为例,从 UGC 角度出发构建社区分面体系原型,以改善现有体系的不足。[72]吴菊华等使用八爪鱼采集器,以"39 健康网"为例,通过抽取信息和分析热点主题,分析挖掘用户的潜在需求。[73]胡敏利用问卷调查方式构建在线健康社区服务质量评价指标体系,为在线健康社区的持续发展提供启示。[74]

在线健康社区的社区价值主要是为用户提供信息支持和情感支持,帮助用户解决健康问题并缓解焦虑,促进用户的持续使用。张星等基于 IS 成功模型和社会支持理论,发现情感支持和评价支持显著影响社区用户的归属感。[75]张帅等通过研究在线健康社区用户持续参与行为的演化规律和动力机制,建立了博弈得益矩阵,发现用户的持续参与行为与社会支持收益显著相关。[76]Liu 等通过研究男性用户和女性用户在在线健康社区中不同的行为特征,发现男性用户的发帖内容更专业,女性用户更关注在线健康社区中提供的情感支持。[67]

在线健康社区的管理主要包括用户隐私及披露意愿。用户通过社区与其他成员进行交互,交互的信息内容涉及用户的身份、健康状况、病史病历等敏感信息,因此用户在使用在线健康社区时不可避免地会考虑个人信息隐私问题。如何保护用户隐私、提高用户的信息披露意愿,逐渐引起了研究者的关注。张星等整合计划行为理论与隐私计算理论,研究在线健康社区用户信息披露意愿的影响因素,发现感知收益(包括个性化服务和情感支持)和感知成本(包括隐私关注)影响用户的信息披露态度。[77] Kordzadeh 等研究在线健康社区中个人隐私信息的披露行为,发现情感承诺显著影响用户的信息披露行为,同时年轻人更关心在健康社区中的个人隐私。[78]

第二类研究以用户为主要视角,学者主要研究用户特征和使用行为,包括健康信息共享、信息求助与隐藏以及持续使用行为。

在线健康社区的用户特征方面,通过揭示在线健康社区不同类型用户的特征,有助于挖掘用户属性的关联程度,从而帮助社区管理者深入了解用户群体,并提供针对性服务。张海涛等利用 Python 获取在线健康社区中糖尿病社区的数据,通过概念格 Hasse 构建用户画像,显示每类群体属性,帮助社区实现精准化服务。[79]吴冰和彭彧通过结合在线健康社区用户节点属性,构建用户的时序交互模型,用实证方法探究模型特征。[80]盛姝等通过对在线健康社区中用户画像的构建和主体特征的挖掘,利用 Python 获取医享网数据,结果显示不同用户群体信息需求有显著差异。[81]

在线健康社区用户健康信息共享方面,用户通过在线健康社区与其他用户分享健康知识,帮助他人解答健康疑问,给予情感支持,同时健康信息共享也是目前学者研究较多的用户行为。周涛等基于社会资本理论,发现社会支持通过社会资本显著影响在线健康社区用户的知识贡献行为。[82]卢新元等使用演化博弈理论方法,建立在线健康社区用户知识共享模型,结果显示用户的共享成本、社区用户数量和医生的执行成本是影响知识共享行为的关键因素。[83]Yan 等将健康信息分为一般和特定知识,并基于社会交换理论,提出利益—成本知识共享模型,结果表明自我价值感、成员感知的社会支持、声誉提升三个因素对一般与特定知识的分享产生正面影响。[84]Zhang 等通过研究卫生专业人员与普通用户知识共享动机,发现声誉和知识自我效能感对健康专业人员知识共享意愿的影响大于普通用户,互惠、利他主义和移情对普通用户的知识共享意愿影响较大。[85]

在线健康社区用户信息求助与隐藏行为方面,在线健康社区用户遇到健康问题时,会倾向于向社区中其他用户求助,但当社区体验感较差时,用户则倾向于隐藏所知的健康信息,这一行为不利于社区长久发展。张敏等通过研究在线健康社区中用户对诊疗信息的求助行为,发现收益因素对用户的求助行为有促进作用,风险因素则对其有阻碍作用。[86]张敏等采用"情境实验+调查问卷"的方式,研究在线健康社区中用户的知识隐藏行为,发现隐私风险显著影响其健康知识隐藏意愿,社交收益则抑制知识隐藏意愿。[87]

在线健康社区用户持续使用行为方面,任何网上社区都需要持续的流量以维持平台运营,用户对在线健康社区的持续使用行为是社区健康发展的关键。霍豪爽等研究在线健康社区用户持续使用行为的影响因素,发现自我效能、结果期望等对用户持续使用在线健康社区的意愿产生显著正向影响。[88]孙悦等使用 DEMATEL 方法,发现习惯、满意度和节省时间成本等因素对健康社区中老年人的持续使用行为有显著影响。[89]Zhao 等研究消费者对医疗保健类在线健康社区的持续使用,以关系承诺信任理论为理论基础,发现认知信任和情感信任都显著影响用户的持续使用。[90]

2.1.4　在线知识付费研究现状

在线知识付费是指用户对内容提供商所推出服务或知识进行付费的行为。在互联网飞速发展的今天,用户最不缺少的就是知识,但是与免费知识相比,付费内容除了质量较高以外,获取效率、服务质量、售后等附加价值同样更高一筹。用户可以在较短时间内获得所需的优质信息,减少寻找的时间成本。目前已经有越来越多的人接受知识付费模式。艾瑞咨询数据显示,中国在线知识付费用户规模处于平稳增长态势,2020 年已增长至 4.18 亿人,用户规模有望得到进一步扩大。[91]对已有在线知识付费文献的研究发现,学者主要从知识付费的特征和未来发展、用户的付费意愿和行为两方面进行研究。

知识付费的特征和未来发展方面，不同学者对知识付费的特征有不同的看法。邹伯涵和罗浩从传播学视角指出知识付费平台的特征主要有个体的节点式传播、平台的参与式传播和多元整合的内容传播。[92]卢春天等采用访谈的方法，探讨知识付费的特征及其受青年人欢迎的原因，发现其有稀缺性、满足用户个性化需求、不受时空限制等特点，同时知识付费也为青年人提供了多元化的知识来源。[93]黄玮和徐崇铭指出未来知识付费行业可以细分平台内容、提高内容质量，同时实施差异化的营销，建立合理的定价机制。[94]耿心宇发现知识付费产品有高固定成本、低边际成本等特征，未来付费平台的发展应该着眼于目前市场匮乏但用户迫切需要的领域，同时协商式定价有助于企业获得较高利润。[95]

付费意愿是指消费者购买某种特定产品的可能性，是预测消费行为的一项重要指标。目前学者对用户付费意愿和行为的研究大多基于感知价值、技术接受模型、计划行为理论和社会资本理论等理论。

感知价值是指用户在购买和使用产品的过程中对获得效用和付出成本的比较。[96]在电商环境下，很多学者都证实了感知价值对用户的付费意愿有积极的影响，将其视作影响用户付费意愿的关键因素。方爱华等研究虚拟社区中用户的付费意愿，采用问卷调查的方法，发现感知利得和感知利失对用户的付费意愿有完全中介作用。[97]李武等研究在线付费问答平台用户的付费意愿，发现感知收益和感知付出均可有效解释及预测用户对平台的感知价值，同时经济收益和费用付出对用户付费意愿的影响大于内容收益和其他成本付出。[98]张颖和朱庆华通过研究在线知识问答社区中用户对答主的选择行为，发现感知价值有正向显著影响，说明付费提问者更关注答主回答内容的价值。[99]Hsiao通过研究用户的持续付费意愿，发现感知愉悦、社会价值和感知费用是影响支付意愿的主要因素。[100]

技术接受模型（technology acceptance model，TAM）和计划行为理论

(theory of planned behavior，TPB)都以理性行为理论(theory of reasoned action，TRA)为基础。理性行为理论主要包括行为态度、主观规范、行为意向和实际行为等因素。[101]技术接受模型在 TRA 基础之上舍弃了主观规范，认为信念受到感知有用性和易用性共同作用。[102]计划行为理论则在 TRA 基础上加入感知行为控制变量。[103]翁小颖以技术接受模型为基础研究大学生付费平台使用意愿，发现感知易用性、感知有用性等变量显著影响用户的付费意愿。[104]李钢等基于计划行为理论构建用户付费行为模型，采用结构方程模型，发现主观规范、知觉行为控制等显著影响付费意愿，同时感知费用负向影响付费态度和行为。[105]

除此之外，学者还运用其他理论研究用户的付费意愿和行为。赵杨等基于社会资本理论，从知识供给者的角度出发，爬取知乎 Live 中的数据，发现知识供给者的获得点赞数、粉丝数、是否标注专业领域等因素显著正向影响用户的知识付费行为。[106]赵庆亮等基于信号理论构建用户围观行为影响因素模型，使用文本挖掘的方法，发现回答价格、被赞次数、回答者声誉对付费围观量有显著影响。[107]赵宇翔等基于推—拉—锚模型探索提问者从免费到付费在线问答平台的转移行为，发现：锚定因素方面，主观规范显著影响提问者的转移意愿；推动因素方面，低满意度会推动提问者的转移意愿；拉动因素方面，经济收益、感知相对优势对用户的转移意愿有积极影响。[108]周涛等研究社会交互对用户付费意愿的影响，发现信息交互和情感交互正向影响信任，信任和认同共同决定用户的付费意愿。[46]

综合以上研究结果，可以发现知识付费研究大多研究付费平台特征和在线问答平台用户的付费行为，较少将付费与在线健康社区相结合。一方面是因为在线问答平台所涵盖的知识范围较广，可以满足用户大部分的知识需求；另一方面是因为传统的问诊方式是到线下就医，线上问诊较少。但是随着在线健康社区的普及，用户的健康消费习惯逐渐被改变，一些日常小病、慢性病的问诊等将采用网上问诊的方式解决。这样做既能有效缓解线下医院的压力,又可以利用有限的优质医疗资源。本研究将采用社会影响、感知价值和信任理论作为理论基础,并将社会影响分为顺从、认同和内化,感知价值分为功能价值、情感价值和社会价值,信任分为对医生的信任和对用户的信任,研究在线健康社区用户付费行为的影响因素。

2.2　理论基础

2.2.1　社会影响理论

社会影响理论(social influence theory,SIT)是一个经典的社会心理学理论,主要指个人受到外界影响,改变自己的想法、态度及行为。[109]

Deutsch 和 Gerard 确定了社会影响的两种形式:信息性社会影响和规范性社会影响。[110]信息性影响是指个人遵从他人的意见,是基于他人能够提供可信的证据,意味着个人更愿意采纳能够提供可靠证据的用户对事物的意见。[111,112]规范性影响指个人倾向于遵从群体或他人的期望。用户通过模仿社区中其他成员或重要个人的行为,产生认同感和归属感。[111,112]用户在面对大量信息时,往往会根据他人的判断做决策,这意味着多数人都采取的行为会显著影响用户的态度及购买决策。同时当用户采取与对自己重要的人同样的行为后,会产生一定的认同感和归属感,进一步促进用户的使用行为。

本研究将社会影响分为顺从、认同和内化三个过程(分别由主观规范、社会认同和群体规范反映)[113],研究在线健康社区用户的付费行为。

顺从表现为个人遵守对其重要的人的意见。在日常生活中,他人的建议或意见对个人决策有重要影响。尤其当个人准备使用新兴事物或网络平台推出的新服务时,身边已使用过的人的意见和推荐会显著影响其使用行为决策。在线健康社区的付费问诊虽然早已推出,但是在疫情防控期间才开始逐渐进入大众的视野。此时,若身边重要的人推荐其使用,那么用户会减少对此服务的疑虑,听从建议使用的概率将会变大。

认同表现为个人为保持与他人/群体的良好关系而采取某种态度或行为。[114]这表明用户不仅仅受到身边人的影响而使用某种事物或服务,同时用户开始认可社区中的成员,并愿意为了得到其认同而改变自己的态度行为,反映了用户对社区的归属感。在线健康社区的用户进行社会交互后,感受到社区中成员提供的信息支持和情感帮助,逐渐对社区及社区中的群体产生认同感,所以当社区推出付费问诊服务且有用户进行使用时,会对个人的使用意愿和行为有所促进。

内化表现为个人的价值观与社区及社区内其他成员的价值观趋于一致的过程。[115]内化是更深层次的影响,表明用户已经熟悉社区内的各种制度及价值观,并愿意接受价值观一致的社区或群体带来的影响。个人的价值观反映目标并影响其行为,社区的价值观表达服务理念。当个人价值观与社区价值观不相符时,用户便会对其产生抗拒心理,必然不会使用社区推出的服务。但当用户认为在线健康社区及其成员与自己的价值观一致时,会乐意参加其举办的活动或使用其所推出的服务。

用户使用新服务或购买商品时,常习惯采纳其他人的意见,尤其是对自己重要的人的意见,因此目前学者采用社会影响理论研究在线社区用户行为。Zhou 和 Li 通过研究移动社交网络服务的持续使用,发现社会影响的三个过程——顺从、认同和内化对用户的持续使用行为有显著影响。[116] Tsai 和 Bagozzi 研究了虚拟社区中成员的贡献行为,发现群体规范和社会认同有效促进了用户的贡献行为。[117]Chou 等研究了影响虚拟社区用户知识获取行为的因素,发现信息和规范性社会影响显著正向影响用户的知识获取行为。[118] Kuan 等通过研究团购网站中的信息性影响和规范性影响,发现二者对用户的购买行为产生显著影响。[119]

2.2.2　感知价值理论

感知价值(perceived value)是消费者购买行为的重要预测变量。不同学者对感知价值的定义不同。Poter 将感知价值定义为消费者对感知收益和感知付出比例的衡量。[120] Woodruff 认为感知价值是用户对在使用情境中的产品属性、性能和使用后果的感知偏好和评价。[121] 被广泛接受的定义来自 Zeithaml 的探索性研究。他指出感知价值涉及用户对产品或服务效用的总体评估,消费者使用产品/服务时,若感知收益超过感知成本,消费者就会认为使用产品或服务有价值。[122] 不同学者认为感知收益与感知成本由不同变量表示。李武等认为感知收益分为内容收益和经济收益,感知成本则包括费用付出和其他成本付出。[98] 崔智斌和涂艳认为感知收益分为物质报酬收益和心理报酬收益,感知成本包括编撰时间和精力成本。[123]

感知价值包括多个维度。[124] 表 2.2 列举了部分学者对感知价值多维度的划分。此处借鉴 Kim 等的划分维度,将感知价值分为功能价值、情感价值和社会价值。[125] 其中功能价值包括价格效用和健康知识质量,情感价值由感知愉悦性表示,社会价值则由社会关系支持表示。

表 2.2　感知价值维度

维度及变量	来　源
质量价值、价格价值、情感价值和社会价值	[124]
经济价值、社会价值、享乐价值和利他价值	[126]
功能价值、情感价值、社会价值和认知价值	[127]
质量价值、行为价格、货币价格、情感响应和声誉	[128]
情感价值、社会价值、实用价值以及利他价值	[129]
功能价值、情感价值、成本价值和社会价值	[130]
功能性价值、体验性价值、象征性价值、感知风险和付出	[131]

国内外学者已采用感知价值理论对消费者行为进行深入研究。Lin 和 Zi

研究发现最近一次交易形成的感知价值和满意度会影响顾客对网站的留恋意愿,同时感知价值对激励新顾客离开其他商店有很大的影响。[132]吴江和李姗姗研究在线健康社区用户的信息服务使用意愿,发现目的价值、社会价值和感知信任显著正向影响用户的使用意愿,感知风险则对其产生负向影响。[133]张鹤冰等研究感知价值对在线顾客购买意愿的影响,发现感知价值显著正向影响消费者的购买意愿。[134]Hsiao 等将感知价值分为功利价值、享乐价值和社交价值,研究了用户对移动社交应用的持续使用行为,发现用户的持续使用行为受到享乐价值和社交价值的驱动。[135]郑交亮和卢宝周通过研究社交网络平台中用户的参与意愿,发现感知价值对参与意愿有直接显著影响,且可通过满意度的中介效用间接影响用户的参与意愿。[136]

2.2.3　信任理论

信任是社会交互的前提,也是影响用户购买产品/服务的重要因素。目前学术界对信任尚没有统一定义,表 2.3 列举了部分有代表性的信任定义。

表 2.3　信任的定义

定　义	来　源
信任是一种认为被信任者可以完成某种承诺的信念。	[137]
信任是人们的一种合作倾向,可产生有效率的社会结果。	[138]
信任是个体处在有风险的在线环境中,其脆弱性不被攻击的充满信心的期望。	[139]
信任是对一方的主观评估,即在不确定性的在线环境中,另一方将根据其预期执行特定的交易。	[140]

学者对信任维度的研究可以分为两类。一类是将信任作为一个整体进行研究,[141]另一类是将信任分为多个维度进行研究。McKnight 等将三种信念确定为信任的关键要素:诚信、善意和能力。[142]诚信是指卖方坚持一套被买方普遍接受的原则;善意是指买方相信卖方关心自己并为自己的利益行事;能力

是指卖方有技能和专业知识且能在特定领域有效地履行职责。McAllister 认为信任应该是多维结构,并将其分为认知信任和情感信任。[143]认知信任是对他人能力和可靠性的理性认知评估,情感信任则反映个人与他人在情感上的联系。Hsiao 等认为社会化商务信任的两个维度是对网站的信任和对用户推荐的信任。[144]

用户使用在线健康社区的主要目的是解决自己的健康问题,因此在选择健康社区时会考量社区的特性,如知名度、售后服务等,同时也会考量入驻医生的专业性,如医生所属的医院等级、擅长的领域等,以此建立自己的信任并进行咨询。因此此处借鉴 Lu 等的看法[145],将在线健康社区用户的信任分为对社区的信任和对医生的信任。

随着电子商务的快速发展,在线平台层出不穷,随之推出的各种功能服务也不断吸引用户的目光。一方面,用户对社区推出的功能/服务并不了解,因此不愿进行使用;另一方面,在线购物的便捷性使大多数人选择网上购物,但是由于信息不对称,交易存在一定风险,降低了用户付费的意愿。Gefen 等指出,在许多涉及机会主义行为的经济活动中,信任通常是至关重要的。[146]不少学者对信任理论进行了深入研究。Chang 和 Chuang 研究影响虚拟社区中用户知识共享行为的因素,发现信任积极促进用户的知识共享行为,且能提高共享知识的质量。[147]Chen 等通过研究社交网站用户的持续使用意愿,发现感知信任通过社区认同间接影响用户对社交网站的持续使用。[148]李文婷对影响在线知识付费平台用户持续使用意愿的因素进行了实证研究,发现感知信任能正向影响用户的满意度,并间接影响其持续使用的意向。[149]

已有文献发现了信任对在线健康社区用户行为的影响。彭昱欣等研究了在线健康社区医学专业人员的知识贡献行为,发现信任对其有积极显著的影响。[150]Zhao 等研究了影响移动医疗使用的因素,发现信任显著影响个人的态度,进而影响用户对健康社区服务的使用。[151]Fan 等基于信任理论,发现认知信任和情感信任促进在线健康社区用户采纳信息,同时情感信任也与用户关系亲密度密切相关。[152]Zhao 等研究了用户对在线健康社区的使用行为,发现认知信任和情感信任都显著影响用户对在线健康社区的持续使用行为,但只有情感信任显著影响成员的知识贡献行为。[90]

信任转移指个人可以从对一个已知对象的信任中获得对未知对象的信任,这是因为两个对象间存在联系。[153]Lee 等将信任转移的过程分为两类——渠道内的信任转移和渠道间的信任转移,认为大众对某个领域的信任显著影响其对其他领域的信任感知过程。[154]王国顺和杨晨通过研究消费者信任转移问题,提出四种信任转移路径:将渠道间的信任转移分为线上线下双向转移,将渠道内的信任转移分为线下—线下渠道转移和线上—线上渠道转移。[155]线下—线上渠道转移是指消费者将对实体店信任转移到在线商店;线上—线下渠道转移是指某一网络零售商开设线下实体店,用户将对其线上的信任转移到线下;线下—线下渠道转移是指用户信任在线下不同品牌或同一品牌的不同产品/服务间的转移;线上—线上渠道转移是指用户对某一网络平台认知信任较高,当用户有需求时会首选此平台进行付费。

信任转移理论在电子商务领域得到了广泛应用。张辉通过研究企业线下信任如何促进用户的在线购买行为,发现线下信任对线上信任有积极影响,同时用户的网络购买经验强化信任转移,线上信任显著影响用户的购买意愿。[156]秦芬和严建援研究了如何用微信订阅号建立信任,发现用户对订阅号内容的信任可以转移到对电商服务的信任。[157]陈蕾和王瑞梅研究了社交网络平台用户的购买意愿,发现用户对社交平台的信任可以转移到相关的社会化电子商务平台。[158]Chen 等研究指出平台成员可以通过社交互动建立彼此之间的信任,这种相互信任可以转化为成员对平台提供者的信任。[58]基于这些文献,本研究将研究在线健康社区用户对医生的信任转移到对社区的信任,剖析用户的付费心理并探讨其付费行为。

2.3 研究模型与假设

研究模型如图 2.1 所示。本研究选择以社会影响、感知价值和信任理论为理论基础,以用户付费意愿为中心,研究社区用户的付费行为。社会影响在使用创新产品和服务方面发挥着重要作用,因此模型左侧将社会影响理论分为主观规范、社会认同和群体规范三个变量,并将社会认同分为三个维度:认知维、情感维和评价维。交易的本质是价值交换,用户使用服务时需要进行价值衡量,因此模型右侧将感知价值理论分为功能价值(包括价格效用和健康知识质量)、情感价值(包括感知愉悦性)和社会价值(包括社会关系支持),研究在线健康社区用户的价值感知。信任是交易的基石,促进用户使用社区推出的付费服务,健康社区和医生是用户重点关注的对象,因此模型上方将用户的信任分为对社区的信任和对医生的信任,同时研究对医生的信任转移到对社区的信任的作用机制。

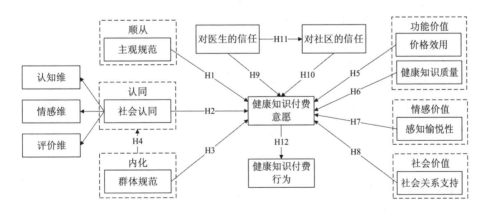

图 2.1 研究模型

2.3.1　社会影响对付费意愿的影响

社会影响是指重要的人对个人想法、态度和行为的影响程度。根据 Kelman 提出的理论,社会影响主要包括顺从、认同和内化三个过程,分别由主观规范、社会认同和群体规范反映。[112]

顺从反映身边重要的人对自身的影响,个人愿意听从其建议并付诸行动。在日常生活中,当商家推出新产品/服务时,用户总是习惯处于一种观望的态度,一方面是由于缺少此产品/服务的相关信息,用户的风险感知较大,另一方面大多数人都不愿意当"第一个吃螃蟹的人"。因此商家会邀请有影响力的人进行使用和推广,吸引用户进行购买使用。在大众看来,在线健康社区的付费问诊属于"新服务",此时若身边重要的人进行推荐,便会提升用户使用的概率。同时在线健康社区中使用过付费问诊的用户所提供的信息也十分重要,用户可以通过其他用户的评价,如医生的专业性、服务的响应时间、提问的价格等信息来决定是否使用付费问诊。

顺从通常由主观规范来反映,主观规范反映对用户重要的人会对其行为产生影响,强调外界对用户的影响。不少研究表明人际交往在消费等各种环境中有重要作用。同时根据创新扩散理论,大多数人把推荐作为可靠的信息来源。虽然目前在线健康社区已被大多数人熟知,但是用户在社区中的活动多以获得免费知识为主,对付费咨询的使用较为谨慎。若使用用户获得身边重要的人的使用反馈,则可以有效提高用户对付费咨询的信任度并使其乐意去使用。杜智涛和徐敬宏通过研究影响用户在线付费行为的因素,发现主观规范是最主要的影响因素。[159]Lin 等研究用户使用社交网站(如 Facebook 等)分享和获取健康知识的意愿,发现主观规范有显著影响作用。[160]顾东晓等通过研究在线健康社区用户的信息搜索行为,指出主观规范会增强用户的搜索意愿。[161]因此,本研究提出假设:

H1:主观规范正向影响在线健康社区用户的付费意愿。

认同表示用户不仅仅是被动地接受他人建议采取行动,还主动认可并参与其中。认同是顺从的递进过程,反映用户行为从被动转变为主动的情况。当用户听从周围人的建议使用在线健康社区时,良好的服务及氛围对用户主动使用社区会产生巨大的影响。用户在使用过程中获得良好的服务体验,并认为社区提供的信息对自己有帮助,从而逐渐产生认同感,更容易持续使用。

社会认同指个人对参与社区的认同感和归属感。[162]在健康社区中,用户会建立个人基本资料、参与活动并与其他成员交互。当用户认为自己是在线健康社区中的一员并产生归属感后,会更乐意参与社区活动并与其他成员相互交流以共享信息。因此社会认同会显著提高用户参与社区的积极性。当在线健康社区中大多数用户使用付费问诊后,用户为了提高在社区中的认同感和归属感,也会进行健康咨询,从而在社区中形成积极使用服务的良好氛围,扩大在线健康社区的影响力。Dholakia 等指出社会认同会使用户参与虚拟社区的意愿更强烈。[163]Chen 等通过研究社交网站用户的持续使用行为,发现社会认同直接影响用户对网站的持续使用。[148]张克永和李贺将在线健康社区的知识分为公共健康知识和个人健康知识,研究用户知识共享行为的影响因素,发现社会认同对用户的两类知识共享行为都有显著影响。[164]本研究则采用 Ellemers 等人的观点[165],将社会认同分为三个维度:认知维、情感维和评价维。

认知维反映用户在社区中的自我意识。在形成社会群体的过程中,会产生相应的群体价值观,用户通过比较个人与社区用户之间的相似性和差异性来判断自己是否属于该社会群体。当认为自己与社区中其他用户的价值观、需求倾向等相似程度较高时,在线健康社区用户会更认同这个社区并愿意积极参与社区活动。Lin 等的研究表明当社区成员认为知识贡献行为与个人的价值体系和需求一致时,用户会更愿意进行知识共享。[166]Wang 通过研究社交媒体中消费者的行为,发现社会认同的认知维显著影响用户的购买行为。[167]

情感维反映用户在社区中的归属感。用户使用社区进行人际交互时,成员间的相互帮助与交流会使用户产生情感依恋,促进用户对此社区的使用。在线健康社区作为专业解决用户健康问题的社区,用户所需的情感依恋要多于其他类型的社区,因此提高用户对社区的归属感,可以促进其在社区中的使用行为。Wang 指出,当用户在情感上投入某个社交群体时,他们更有可能执行群体内的行为。[167] Huang 通过研究用户从社交网站购买虚拟商品的意愿,发现情感参与对用户购买意愿的影响最大。[168]

评价维反映用户在社区中的自我价值评估。用户在使用社交平台的过程中,除了与其他成员进行社会交互外,还可以通过解答他人疑问提升自我价值感。例如用户通过使用在线问答社区,帮助其他用户解决问题,从而提高自己的评级,吸引更多的用户向自己提问。在线健康社区中有很多待解答的健康问题,用户可以利用自己的专业知识进行解答,在帮助其他用户解决健康问题的同时,也获得了他人的赞赏,提升了自我价值感,从而促进用户对在线健康社区的使用。Ardichvili 等人的研究表明,如果用户认为知识共享是提升自我价值感的一种方式,他们就不会在在线论坛上发布信息时犹豫不决。[169] Edelman 通过分析来自 Google Answers 的问题和答案,发现更有经验的回答者会获得更高的评分,从而提升自我价值感。[170] 因此,本研究假设:

H2:社会认同正向影响在线健康社区用户的付费意愿。

内化反映社会影响理论中更深层次的外界影响,这一过程表明用户已经完全认同社区/群体的价值观和相应规则,并会做出与其高度一致的行为。如用户在购买商品的过程中,完全认同商家的服务理念,便会积极使用所推出的商品。因此当在线健康社区用户完全认同社区的服务理念时,其对社区推出的活动及服务的接受度会显著提高。

内化通常由群体规范来反映。群体规范反映用户对社区规范的遵守力度。用户在使用在线健康社区的过程中,通过用户之间的交流,会选择加入目标、价值观及信念一致的社区,并遵守相应的社区规范。当个人价值观和目标与社区中其他成员一致时,用户的参与贡献意愿会更强烈。同时用户也更容易受到社区中其他成员的影响,因此当有人使用过付费咨询并在社区中分享时,用户会愿意去尝试此服务。Dholakia 等研究发现,群体规范增强用户参与虚拟社区的意愿。[163] Tsai 和 Bagozzi 发现群体规范会促进用户在虚拟社区的贡献行为。[117]因此,本研究假设:

H3:群体规范正向影响在线健康社区用户的付费意愿。

群体规范表明用户已经认同社区理念,愿意遵守相应的行为准则,并对社区已产生强烈的认同感和归属感。因此当在线健康社区用户已经完全接受社区价值观时,用户会自发地、无意识地做出与社区规范相一致的行为,这些行为反过来也会加深用户对社区的情感依恋,使用户更加认同此社区,积极促进用户使用社区服务。Dholakia 等认为群体规范导致了用户对虚拟社区更强烈的社会认同。[163]周涛通过研究在线社区用户参与行为的影响因素,发现群体规范显著影响社会认同。[113]因此,本研究假设:

H4:群体规范正向影响社会认同。

2.3.2 感知价值对付费意愿的影响

感知价值指用户在权衡产品/服务成本和收益后的整体评估。[122]收益主要指产品/服务质量、用户使用的愉悦性、对价格的感知效益等,成本主要指风险感知和费用感知等。感知价值是交易成功的基石,将显著影响消费者的购买行为。用户在使用健康社区的付费问诊前,通常会考量此服务的价值,用户在价值感知较高时才会做出付费决策。本研究基于 Kim 的观点[125],将感知价值分为功能价值(价格效用和健康知识质量)、情感价值(感知愉悦性)和社会价值(社会关系支持)。

　　功能价值指从产品/服务的功能中获得的感知效用。[171]本研究指用户对在线健康社区提供的服务实用性的效用感知,这是影响用户付费行为的重要因素。价格效用和健康知识质量是功能价值的两个组成变量。

　　价格效用指用户对在线问诊价格的感知效用。根据交易效用理论,用户在购买产品/服务时,会产生获得效用和交易效用;获得效用取决于产品/服务对用户的价值及用户购买的价格,交易效用取决于用户的购买价格与其参考价格之差,即此交易是否获得优惠。换言之,产品价格对客户越有利,用户感知的价格效用越大。目前线下医疗资源分配不均,存在挂号难、挂号贵的现象,不少人为了挂专家号等待很长时间,消耗较多人力和物力,常让人感觉筋疲力尽。而线上问诊突破了时间和空间的限制,可以随时随地在网上进行咨询;同时可供选择的专家较多,响应速度快、价格较低,医生可及时为用户病情做初步诊断,节约了时间与精力。因此,用户对付费问诊的价格效用感知越大,越愿意使用在线问诊,付费意愿越高。Berger 等认为价格影响消费者选择免费还是付费服务,研究表明感知费用显著影响用户对移动数据服务的使用。[172]Sweeney 等认为用户更愿意购买价格效用高的商品。[124]Kim 等认为价格效用积极影响用户对社交媒体上数字商品的购买意愿。[125]因此,本研究假设:

　　H5:价格效用正向影响在线健康社区用户的付费意愿。

　　健康知识质量是指医生提供的健康信息对用户的有用程度。信息质量是用户在线问诊最关注的因素。传统的问诊方式是医生通过观察患者并听其反映身体状况进行诊断,线上问诊则主要依靠用户自我描述,因此用户对得到的健康信息质量有较高要求。在线健康社区的入驻医生多为三甲医院专家,他们可以通过与用户的沟通准确发现病因并对症下药,让用户少走冤枉路。同时高质量的健康信息可以有效缓解用户的焦虑,一对一的服务更具针对性,这会积极促使用户使用付费问诊。李武等的研究表明质量价值显著影响在线付费问答平台用户的付费意愿。[173]卢恒等的研究表明感知知识质量显著影响在线用户的付费意愿。[174]魏武和谢兴政认为高质量的知识内容能将用户的"流量"转化为平台持续发展的动力,同时研究发现产品的内容质量对满足用户的付费需求有显著正向影响。[175]因此,本研究假设:

H6:健康知识质量正向影响在线健康社区用户的付费意愿。

情感价值是指从产品/服务激发情感的过程中获得的感知效用。[171]本书的情感价值指用户使用健康社区时的情感体验,感知愉悦性是其组成变量,反映用户使用付费问诊时获得的愉快和满足。健康是大众最关心的事情,当个人发觉身体不舒服时,总会担心自己是不是患有严重疾病,从而变得紧张又焦虑。因此用户使用在线问诊的目的就是解决健康焦虑,获得情感慰藉。在线健康社区用户可以根据医生给予的诊断了解自身健康状况并获得正确解答,有效避免了因自行上网搜索获得错误信息而加重心理负担。Wang 等发现消费者的感知愉悦增强能够提升其对商品的整体感知价值,促进对在线内容服务购买意愿。[176]Lai 和 Chen 认为愉悦与在线社区用户分享知识的意愿呈正相关。[177]赵菲菲等发现感知趣味性影响问答社区用户的付费意愿。[178]Hsiao 在研究影响用户在社交网络平台持续付费的因素时,发现感知愉悦是影响支付的主要因素。[100]因此,本研究假设:

H7:感知愉悦性正向影响健康知识付费意愿。

社会价值是指从具有一个或多个特定社会群体的产品/服务中获得的效用感知。[171]本研究指的是用户使用健康社区时与其他用户进行交互的利得。社会关系支持是社会价值的组成变量,反映用户使用付费咨询时进行人际互动所产生的满足感。许多参与者加入社区主要是为了消除自身的孤独感,结识志同道合的人,并获得陪伴和社会支持。[163]在线健康社区用户向医生咨询问题,一方面可以增加与专家的联系,方便未来继续向医生提问或到线下医院问诊咨询;另一方面咨询所获得的高质量健康信息也可以解决社区中其他用户的疑问,为他人提供信息支持和情感慰藉,获得认同与赞赏,从而促进用户对付费问诊的再使用。Jin 等人指出来自在线问答社区其他用户的情感支持正向影响信息采纳行为。[179] Atanasova 等指出一般用户和专业人士一致认为在线互动的好处是可以满足用户健康需求并提供情感鼓励。[180] Liang 等研究指出如果用户在使用社交网站时从同伴处获得强大的支持,那么会更愿意继续使用该网站。[181] 因此,本研究假设:

H8:社会关系支持正向影响在线健康社区用户的付费意愿。

2.3.3　信任对付费意愿的影响

信任指在未知情况下用户承担交易风险的意愿。[182] 医疗服务是一项高可信度的服务,具有较高的不确定性,在线健康社区的主要目的是进行健康信息交流,因此用户对在线健康社区的使用会更加谨慎。目前国家针对健康社区出台了很多政策以保障消费者权益,同时社区提高了问诊医生准入门槛,从源头上保证医生的专业性和健康信息的正确性,并逐步规范社区管理,完善售后服务,保障隐私安全,切实保障用户的权益,营造良好的社区氛围。张洪等的研究表明,信任对用户在社会化购物社区的购买意愿有显著正向影响。[183] Chiu 等的研究表明信任显著影响虚拟社区用户的分享意愿。[55] Zhao 等研究了在线健康社区用户持续使用意愿的影响因素,发现信任对用户的行为有积极影响。[90] 本书采用 Lu 等的观点,将在线健康社区用户的信任分为对医生的信任和对社区的信任。[145]

由于用户使用健康社区的目的是寻找健康信息以解决自身的问题,而且用户所找到的信息将用于评估和诊断他们的疾病,所以信任对用户的付费意愿尤为重要。其他用户免费分享在社区中的知识需要自行甄别,而医生的建议相对更加权威,错误率较低,能够降低用户的感知风险并建立信任,因此用户更倾向于向专业医生进行问诊。用户可综合考虑医生的职称、任职的医院、擅长的领域和其他用户的评价等基本信息,选择信任的医生付费问诊。同时部分用户公开的与医生的问诊过程,可以增加社区其他正在观望的用户对此医生的信任程度。当用户认为医生是可信的,便会乐意使用付费问诊解决自身健康问题。Fan 等认为在线健康社区用户在信任对方的前提下更愿意接受建议。[152]Mooney 和 Houston 研究表明用户对医生的信任会显著影响其使用行为。[184]Johnsson 等研究发现,只有建立用户对医生的信任才能增加用户参与康复项目的意愿。[185]因此,本研究假设:

H9:对医生的信任正向影响在线健康社区用户的付费意愿。

用户在使用在线健康社区时,通常会关注社区提供的服务、社区规范程度及社区的监管。目前国家针对健康平台出台了多项政策,既鼓励健康社区积极向好发展,又促进社区加大管理力度,让用户放心使用在线健康社区。而且大多数健康社区都提高了入驻医生标准,三甲医院医生已成为标配,让用户放心问诊。用户越信任社区,就越愿意使用社区推出的服务。同时社区的诚信和口碑可以降低用户对一些机会主义行为的担心,如个人隐私信息的泄露以及欺诈行为的出现等,提高用户对社区的信任程度。例如丁香园健康社区在疫情防控期间,较早报告全国疫情实时动态,既让用户了解了疫情发展情况,又提升了社区知名度,增加了用户对社区的信任。Lu 等的研究表明用户对平台的信任显著影响购买意愿。[186]唐旭丽等认为用户对在线健康社区的信任积极影响其信息采纳意愿。[187]Chen 研究发现用户对网站的信任与社交购物意愿成正比。[188]因此,本研究假设:

H10:对社区的信任正向影响在线健康社区用户的付费意愿。

信任转移认为信任能从可信的一方转移到不熟悉的第三方。[189]Stewart 研究发现,具有相关性的信任主体间可以进行信任传递。[153]这意味着当用户信任一方时,不熟悉的第三方与被信任方相关时会发生信任转移。在日常生活中,用户如果信任某一商家,也会信任商家入驻的电商平台。在线健康社区用户向信任的医生进行健康咨询时,通过医生专业性的解答和规范的问诊流程,可以感受到社区管理的用心,并相信未来社区会有更好的服务。同时用户信任医生的选择,因此对其入驻的平台也会有一定信任。赵玲等研究信任对虚拟社区用户购买行为的影响,发现社区成员间的信任显著影响用户对该社区的信任。[190]Ng 研究表明社会化商务网站中成员间的信任可以转移为对网站的信任。[191]因此,本研究假设:

H11:对在线健康社区医生的信任正向影响对社区的信任。

2.3.4　付费意愿对付费行为的影响

根据理性行为理论和技术接受理论,用户的意愿直接影响其实际行为。在日常购买商品时,消费者首先要被产品的外形、功能、价格等信息吸引,产生想要购买的欲望,才有可能进行购买。所以在健康社区中,只有用户对在线问诊有兴趣,有想要付费的主观意识时,付费行为才可能发生。Gudigantala 等研究发现零售网站用户的购买意图显著影响其购买行为。[192]吴士健等研究学术虚拟社区用户的知识共享行为,发现共享意愿显著影响共享行为。[193]Lin 研究发现用户对网站的使用意愿可以有效预测其使用行为。[194]因此,本研究假设:

H12:在线健康社区用户的付费意愿正向影响付费行为。

2.4　数据收集与分析

2.4.1　量表设计

本研究共包含 12 个因子,分别是社会影响理论的 5 个因子(其中社会认同由 3 个一阶因子组成)、感知价值理论的 4 个因子、信任理论的 2 个因子以及付费意愿。除社会认同为二阶因子,其他因子由 2～4 个测量指标测量。所有的指标都采用李克特七级量表进行测量,其中 1 表示非常不同意,7 表示非常同意,测量指标都来自国外经典文献,以提高内容效度。

2.4.1.1　社会影响

在线社区的使用大多会受身边人的影响,尤其是对自己重要的人。当他们推荐使用某个社区或社区中的某项服务时,人们往往会采纳建议。本研究借鉴 Kelman 的研究,将社会影响分为主观规范、社会认同和群体规范,其中社会认同包括 3 个一阶因子:认知维、情感维和评价维。主观规范指用户使用在线健康社区付费服务受身边重要的人影响。社会认同的认知维指用户通过比较与社区其他用户的相似性和差异性判断自己所属的社会群体,反映用户的自我认知;情感维反映用户对社区的认同感和归属感;评价维主要指用户在社区中的自我价值感。群体规范反映用户对社区规范的遵守力度。指标具体内容见表 2.4。

表 2.4　社会影响测量指标

变　　量	指　标	指标内容	来　　源
主观规范	SN1	对我很重要的人认为我应该使用在线健康社区。	[195]
	SN2	对我有影响的人认为我应该使用在线健康社区。	
认知认同	CSI1	我和在线健康社区的其他成员有相似的价值观。	[196]
	CSI2	我参与在线健康社区的目的和其他成员一样。	
	CSI3	我和在线健康社区的其他成员有相似的兴趣。	
	CSI4	我和在线健康社区的其他成员有相似的健康偏好。	

续表

变　量	指　标	指标内容	来　源
情感认同	ASI1	我对在线健康社区有依恋感。	
	ASI2	我对在线健康社区有归属感。	
	ASI3	我觉得自己是在线健康社区的一员。	
评价认同	ESI1	我是社区有价值的成员。	[112]
	ESI2	我是社区重要的成员。	
	ESI3	我是社区有影响力的成员。	
群体规范	GN1	请估计自己作为在线健康社区一员坚守共同目标（促进健康信息分享和交流）的力度。	
	GN2	请估计在线健康社区其他人坚守共同目标的平均力度。	

2.4.1.2　感知价值

当用户面对付费服务时，往往会权衡得失，用户对此服务的价值感知较高时才会进行付费。本研究参考 Kim 的研究，将感知价值分为功能价值、情感价值和社会价值。其中，功能价值包括价格效用和健康知识质量，情感价值包括感知愉悦性，社会价值包括社会关系支持。价格效用主要表现为用户考量在线健康社区付费问诊的价格和获得服务的匹配程度。健康知识质量反映社区用户获得健康解答的有用程度。感知愉悦性指社区用户通过付费问诊可以缓解焦虑并感到满足。社会关系支持反映用户使用社区服务有助于保持良好的人际关系。指标具体内容见表 2.5。

表 2.5　感知价值测量指标

变　量	指　标	指标内容	来　源
价格效用	PU1	在线健康社区的付费咨询通常价格合理。	[125]
	PU2	在线健康社区的付费咨询物有所值。	
	PU3	在线健康社区的付费咨询价格比较优惠。	
健康知识质量	HIQ1	在线健康社区提供的信息是准确的。	[197]
	HIQ2	在线健康社区提供的信息能满足需求。	
	HIQ3	在线健康社区提供的信息是可靠的。	
	HIQ4	在线健康社区提供最新的健康信息。	
感知愉悦性	PE1	使用在线健康社区让我感到满意。	[198]
	PE2	使用在线健康社区让我感到愉快。	
	PE3	使用在线健康社区让我感到满足。	
社会关系支持	SSR1	使用在线健康社区有助于我建立与他人联系。	[125]
	SSR2	使用在线健康社区有助于我保持与他人联系。	
	SSR3	使用在线健康社区能帮助我结交新朋友。	
	SSR4	使用在线健康社区增强我与他人的联系。	

2.4.1.3　信任

　　无论是线上还是线下,信任在产品/服务交易过程中的重要性不言而喻。用户越信任提供产品/服务的卖家就越乐意付费。本研究根据 Lu 等的研究[186],将信任分为对社区的信任和对医生的信任,同时研究两者之间的信任转移。对社区的信任指用户对在线健康社区可靠性和安全性的感知程度。对医生的信任反映在社区用户通过医生职称、专业性等对其可信度进行评估。

指标具体内容见表 2.6。

表2.6　信任测量指标

变　量	指　标	指标内容	来　源
对社区的 信任	TC1	在线健康社区符合我的期望。	[186]
	TC2	在线健康社区是一个不错的社区。	
	TC3	在线健康社区是一个可靠的社区。	
对医生的 信任	TD1	在线健康社区的医生会信守承诺。	
	TD2	在线健康社区的医生是可信的。	
	TD3	当我遇到健康问题时,在线健康社区的医生总是会尽力帮助我。	

2.4.1.4　用户付费

本书将用户付费分为两部分:付费意愿和付费行为。在线健康社区用户的付费意愿指用户通过评估所得信息对在线问诊产生兴趣,付费行为是指用户在付费意愿的基础上付诸行动。指标具体内容见表 2.7。

表2.7　健康知识付费测量指标

变　量	指　标	指标内容	来　源
健康知识 付费意愿	PI1	我以后会定期使用在线健康社区的付费咨询。	[199]
	PI2	我将来会经常使用在线健康社区的付费咨询。	
	PI3	我强烈建议其他人使用在线健康社区的付费咨询。	
健康知识 付费行为	PB	最近半年,使用在线健康社区的付费咨询次数("没有","一次","两次","三次","四次","五次","六次及以上")。	

2.4.2　数据收集与样本特征

问卷涉及两个部分:人口统计学信息和问卷主体。问卷设计完成后,先邀请 15 名使用过在线健康社区付费问诊服务的用户填写问卷并提出存在的问题,然后根据建议进行相应的修改,提高问卷的可读性。之后在网络平台和线下发放问卷,线上主要通过 QQ、微信等社交平台分享问卷链接,线下主要针对在校大学生和企事业单位员工发放问卷。数据收集持续一个月,剔除无效问卷和未使用过在线健康社区线上问诊的问卷,共得有效问卷 391 份。

性别方面:样本中共有男性 201 人,占比为 51.41%;女性 190 人,占比为48.59%。此结果与我国网民的性别比例相仿,说明样本性别比例较为均衡,因此问卷的最终数据可以较真实地反映用户情况,避免性别比例失衡导致结果出现偏差。

年龄和职业方面:年龄范围在 20～29 岁的样本占比最大,为 39.39%;其次是 30～39 岁,占比为 28.13%。这两个年龄段人数占总样本的半数以上。同时在职业方面,被调查对象大多为学生、企业/公司人员和党政机关事业单位人员,占总样本的七成以上。这与目前在线医疗使用人群的年龄和职业相仿——大多为学生及新兴上班族,他们具有一定的购买能力。这表明年轻人对在线问诊的接受程度较高,而且他们由于空闲时间较少,愿意在网上问诊,所以样本可以较真实地反映用户对付费问诊的看法。

学历方面:大专及以上群体占比为 82.86%,整体教育水平较高,反映学历较高的人群愿意使用网上问诊付费服务。

使用在线健康社区的时间:大多被调查者的使用时间为 1～3 个月,占比为 30.18%;其次为 1 个月以下,占比为 24.81%。这说明尽管在线健康社区早已存在,但是用户近期才对其频繁使用。很大一部分原因是疫情的影响。用户由于无法到线下进行健康咨询,转而从网上寻求健康信息,这也从侧面反映了未来在线健康社区的发展前景明朗。

用户使用社区偏好:用户最常使用的在线健康社区是百度问医生,占比为42.71%;其次为丁香医生、春雨医生和知乎健康,分别占 32.74%、25.79% 和25.06%。以此看来,用户最常使用知名度较高的健康社区,这些健康社区在行业中已占据一定比例,如"有病问百度"已被大众熟知,丁香医生由于在疫情防控期间较早提供实时统计感染人数而提升了知名度。

2.4.3 信度与效度检验

本研究的数据分析分为两步:第一步使用 SPSS 22.0 检验量表的信度和效度,然后使用 LISREL 对研究模型进行检验,验证提出的假设。

本研究采用 Alpha 系数检测问卷的内部一致性,考察量表的信度。本研究所有因子的 Alpha 值都大于 0.7,说明问卷的信度较好。效度方面,如表 2.8 所示,本研究各测量指标的标准负载均大于 0.7,CR 值均大于0.7,AVE 值均大于 0.5,表明测量模型的效度较好。

表 2.8 CFA 结果

因 子	指 标	标准负载	AVE	CR	Alpha
PU	PU1	0.812	0.634	0.839	0.838
	PU2	0.819			
	PU3	0.757			
HIQ	HIQ1	0.735	0.526	0.816	0.816
	HIQ2	0.743			
	HIQ3	0.713			
	HIQ4	0.710			
PE	PE1	0.798	0.619	0.830	0.830
	PE2	0.776			
	PE3	0.787			

续表

因　子	指　标	标准负载	AVE	CR	Alpha
SSR	SSR1	0.718	0.513	0.808	0.808
	SSR2	0.719			
	SSR3	0.722			
	SSR4	0.707			
SN	SN1	0.775	0.598	0.748	0.748
	SN2	0.771			
CSI	CSI1	0.789	0.642	0.878	0.878
	CSI2	0.805			
	CSI3	0.831			
	CSI4	0.780			
ASI	ASI1	0.779	0.696	0.873	0.870
	ASI2	0.878			
	ASI3	0.843			
ESI	ESI1	0.830	0.695	0.872	0.872
	ESI2	0.838			
	ESI3	0.833			
GN	GN1	0.767	0.679	0.808	0.804
	GN2	0.877			
TD	TD1	0.722	0.549	0.785	0.786
	TD2	0.743			
	TD3	0.758			
TC	TC1	0.762	0.564	0.795	0.793
	TC2	0.782			
	TC3	0.706			
PI	PI1	0.773	0.626	0.834	0.832
	PI2	0.807			
	PI3	0.793			

2.4.4　模型假设检验

本研究使用 LISREL 结构方程模型分析软件验证模型的拟合程度和假设是否成立,同时单独列出二阶因子社会认同在一阶因子认知维、情感维和评价维的标准负载、CR 和 AVE,结果见表 2.9。

表 2.9　二阶因子

二阶因子	一阶因子	标准负载	AVE	CR
SI	CSI	0.734	0.648	0.846
	ASI	0.899		
	ESI	0.772		

二阶因子社会认同在一阶因子上的标准负载均大于 0.7,且 CR 值大于 0.7,AVE 值大于 0.5,表明一阶因子较好测度了二阶因子,说明选用二阶因子反映社会认同是合适的。图 2.2 显示变量间的标准路径系数及显著性水平。表 2.10 列出了模型相关的拟合指数数值,结果显示所有拟合指数都达到推荐值标准,表明模型拟合程度较好。

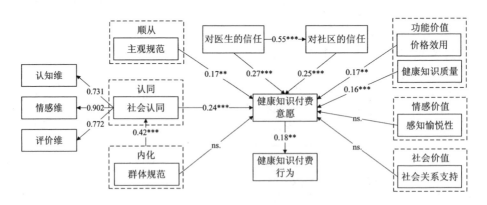

图 2.2　LISREL 估算结果

表 2.10　模型拟合指数推荐值和实际值

	χ^2/df	GFI	AGFI	CFI	NFI	NNFI	RMSEA
推荐值	<3	>0.90	>0.80	>0.90	>0.90	>0.90	<0.08
实际值	1.330	0.923	0.902	0.988	0.959	0.986	0.030

2.5　研究结果与启示

2.5.1　研究结果

表 2.11 汇总了假设检验结果。

表 2.11　假设检验结果

假　设	变量关系	路径系数	显著性	结　果
H1	主观规范→付费意愿	0.17	**	支持
H2	社会认同→付费意愿	0.24	***	支持
H3	群体规范→付费意愿	0.04	不显著	不支持
H4	群体规范→社会认同	0.42	***	支持
H5	价格效用→付费意愿	0.17	**	支持
H6	健康知识质量→付费意愿	0.16	***	支持
H7	感知愉悦性→付费意愿	0.06	不显著	不支持
H8	社会关系支持→付费意愿	0.08	不显著	不支持
H9	对医生的信任→付费意愿	0.27	***	支持
H10	对社区的信任→付费意愿	0.25	***	支持
H11	对医生信任→对社区信任	0.55	***	支持
H12	付费意愿→付费行为	0.18	**	支持

注：* 表示 $p<0.05$；** 表示 $p<0.01$；*** 表示 $p<0.001$。

研究结果显示，除 H3、H7 和 H8 外，其他假设均得到支持，同时在线健康社区用户付费意愿的被解释方差比例是 75％，说明本模型有较好的解释力。

2.5.1.1　社会影响对付费意愿的影响

主观规范(路径系数 0.17)正向影响用户的付费意愿。在日常生活中，用户的消费行为较容易受到周围人的影响，尤其是对自己重要的人，他们的建议往往会改变用户的消费决策。当面对一个新产品或服务时，用户行为受周围人的影响更大。在线健康社区的线上问诊作为一种新型医疗消费服务形式，用户更容易受到周围使用者的影响，从而尝试使用付费问诊。

社会认同(路径系数 0.24)也显著影响用户的付费行为。对社区的归属感是影响用户行为的重要因素。当用户感觉自己是社区中的一员时，会更愿意使用社区提供的服务。社区成员间互相帮助解决问题，进行情感交流，增加了用户的归属感，用户使用自己丰富的健康知识储备帮助其他用户解决问题，从而产生强烈的自我价值感和自我认同感，使其更愿意使用健康社区。

研究表明，群体规范对在线健康社区用户的付费行为没有显著影响。一方面可能是因为用户使用在线健康社区进行付费咨询时，会直接根据自己的健康需求进行提问，目的性较强，因此较少考虑自己及他人对社区规范的遵守力度；另一方面，群体规范通过社会认同间接影响用户的付费行为，削弱了群体规范的直接影响作用，导致群体规范的影响作用并不显著。

2.5.1.2　感知价值对付费意愿的影响

价格效用(路径系数 0.17)和健康知识质量(路径系数 0.16)对付费意愿都有显著影响。

相比线下医院就诊，网上问诊具有较多优势，如医生响应时间短、可选的医生多等，但是用户最关注的还是问诊价格和医生回复的质量。当消费者选择某种产品或某项服务时，较多关注是否物有所值，甚至物超所值。如果用户感知的价格效用较高，说明用户可以花较少的钱得到质量较高的产品和服务，这会促使用户更愿意进行付费甚至愿意多次回购。网上问诊作为一种新型医疗咨询方式,用户往往对其了解不够,因此健康社区会推出一系列优惠活动吸引用户使用,如春雨医生提供定期一元义诊,使用户可以花较少的钱获得健康疑问解答。

健康知识质量也是用户较关注的影响因素,健康无小事,在日常生活中,人们往往愿意花高价钱挂专家号,即便需要提前几个月进行预约,目的就是获得高质量、有针对性的健康解答,网上问诊更是如此。此外在付费问诊前,用户通常会在网上搜索相关健康信息,但是由于信息质量不能保证、针对性不高,用户参考后可能会认为自己的病情很严重,从而更加焦虑,甚至乱吃药加重病情。目前在线健康社区入驻的医生大多来自三甲医院,用户通过在线问诊可以节省搜索的时间,在较短时间内获知病情的解决方案,获得高质量有针对性的解答,从而有效解答健康疑问。

感知愉悦性对用户付费行为的影响并不显著。可能是因为用户感觉自己身体出问题后会产生较多焦虑,虽然获得了医生有效的解答,但是后续可能依然需要吃药或者去线下医院进行复查,未来需要治疗的焦虑高于获得健康解答的愉悦,因此在咨询过程中的感知愉悦性较弱。此外,医生出于工作原因,无法及时回复,用户等待时间较长,同时付费一次往往只能提问有限次数,在咨询过程中用户无法将病情完整叙述,导致问诊效率低,这些都会影响用户在咨询过程中的体验从而降低付费意愿。

社会关系支持对用户付费行为的影响不显著。用户使用在线健康社区时,常会与其他用户进行互动,通过交流健康信息或给予情感支持等加深彼此间的关系。但是进行在线问诊时,用户与医生是一对一互动,询问的是与健康有关的信息,用户会增强隐私保护意识,可能较少与其他社区用户交流病情。此外不同的人产生健康问题的原因不同,用户可能会谨慎地向具有相似症状的用户提供相关信息,减少与其他用户的互动。用户进行在线问诊时较多关注价格和信息质量,对是否与其他用户进行互动而维持人际关系的关注较少,因此社会关系支持的影响不显著。

2.5.1.3 信任对付费意愿的影响

对医生和社区的信任显著影响用户的付费意愿。信任对交易过程来说至关重要，当买方足够信任卖方时，会增加购买行为的发生概率，因此当用户信任网上咨询的医生时，便会增加付费咨询的概率。目前在线健康社区中医生的基本信息公开透明，用户可以根据职称、擅长的领域等信息选择信任的医生进行付费咨询。同时，通过日常健康社区的宣传以及身边人使用社区的经历，用户会从中选择信任的社区，对社区的信任程度越高，就越愿意使用其推出的功能和服务。因为他们相信社区推出的服务可以满足需求，同时会提供相应的保障，如与医生的咨询记录不会被泄露、咨询出现问题及时解决等。

对医生的信任显著影响对社区的信任。用户在线下医院就医时，往往会选择去专家所在的医院挂号问诊，这对在线问诊同样适用。医生的服务质量反映了医院的整体服务质量，提高医院的整体质量可以吸引更多的患者。用户进行付费咨询是与医生进行直接交互。对医生越信任，就会越认可医生的能力，从而对医生所在的社区产生信任，促使用户使用健康社区的付费服务。

2.5.2 启示

研究结果对在线健康社区的发展具有一些启示：

其一，加强在线健康社区线上问诊的宣传。管理者应该对健康社区的在线问诊多做宣传，让更多的人了解其便捷性和有效性，从而形成一定的社会影响，让未使用过付费问诊的用户放下顾虑并积极使用。

其二，设置合适的咨询价格。价格是用户较为关心的因素，用户感知的价格效用越高，越愿意使用付费问诊。Wu 和 Lu 通过研究在线服务定价对患者满意度的影响，发现服务价格与满意度呈倒 U 形关系。在低价格水平下，服务价格提高患者满意度，而高价格水平（超过 330 元人民币/49 美元）可能会产生相反的效果。[66] 因此进行合理定价有助于用户使用付费咨询。社区可以定期提供低价问诊吸引更多用户的使用,或提供定时秒杀,在宣传社区的同时也让更多用户进行网上问诊,增加用户黏性。

其三,提高健康知识质量。健康知识质量是在线问诊的基石,质量越高,越有针对性,越可以有效解答用户疑问,从而让其更信任在线问诊。管理者可以引入同行评审,对患者愿意公开提供的信息进行修正,同时可以促进医生之间的交流,丰富知识体系并增加经验,从而为用户提供更好的治疗方案。

其四,加强社区管理。随着越来越多的用户使用在线健康社区,社区的管理规范程度显著影响用户的使用体验,进而影响其使用社区提供的服务。社区特别要重视对医生的管理,用户进行付费问诊是被入驻的专家吸引,因此要做好对医生资质的审核和管理,确保医生有能力解决用户疑问,提供高质量且有针对性的解答,增强用户的信任;同时也要提高医生的待遇,让医生愿意在此社区常驻,为更多用户解答健康疑问。

其五,提升服务体验。目前在线健康社区问诊流程较为烦琐,需要先选择相应科室,而很多用户并不知道自己的病情属于哪一科,因此社区可以将日常病情所属科室标出,方便用户进行选择。比如在每一病情分类中都列举一些常见病情,这样用户就可以在较短时间内找到常见病并进行付费问诊。此外,在线健康社区可以增加老人专区,简化问诊流程,直接以电话或视频的方式帮助用户解决疑问。

3 > 在线健康社区用户知识分享行为研究

　　随着社会经济的迅速发展和人们健康意识的逐渐提高，在线咨询健康信息受到大众推崇，由此促进了在线健康社区的产生和发展。在线健康社区作为一个健康信息交流社区，用户可以通过社区进行健康咨询、经验提供、知识分享以及情感交流等。目前国内比较知名的在线健康社区包括丁香医生、春雨医生、好大夫在线等，同时百度贴吧、知乎等社交平台也开通了健康版块供用户交流。对于在线健康社区来说，面临的一个主要挑战是知识的提供，即促进用户与其他成员分享知识。因此，激励用户积极参与社区互动并进行知识分享对在线健康社区的生存和发展来说至关重要。例如，百度贴吧提供了多个慢性病如糖尿病、高血压等的讨论版块，这些版块均属于用户生成内容性质，但大部分用户均处于"潜水"状态，即主要从社区获取健康知识和信息，而缺乏分享的动机和意愿，这将导致社区发展缺乏活力和生命力。由于用户之间频繁地交互，单个用户的行为决策不仅受到其自身因素如感知价值的影响，还可能受到其他用户的态度或观点的影响，即社会影响，如其他用户的点赞、回复、评论等都可能影响该用户的分享行为。因此，有必要考察社会影响因素对在线健康社区用户知识分享行为的作用。

　　在线健康社区成员参与社区，一方面是为了获得自己所需的健康知识，社区成员通过提供有助于解决健康问题的信息给予支持与帮助；另一方面是由于可以通过社区获得心理慰藉,在与其他成员交互的过程中,彼此给予支持鼓励,从而缓解其健康焦虑情绪。同时,由于披露健康信息涉及个人隐私,在线健康社区用户对隐私问题的关注可能影响其分享行为。此外,在线健康社区成员通过频繁交互构建了较复杂的社会关系网络,社区其他用户的态度或观点将对个人的决策产生显著影响。基于此,本研究将基于社会影响理论,将社会支持与隐私关注作为社会影响的前因变量,研究在线健康社区用户知识分享行为的影响因素。

3.1 理论基础

随着在线健康社区的快速发展,已有不少研究从多个视角探讨了在线健康社区的用户行为。

其一,社会资本理论视角。社会资本反映了一个人拥有的关系网络或一个社会网络所蕴含的资源总和。用户可以通过拥有的资源进行社会互动,促进知识的交流和贡献。彭昱欣等将动机理论和社会资本理论相结合,研究了影响医学专业用户知识贡献意愿的因素,结果发现信任、共享愿景显著影响知识共享意愿。[150]张克永和李贺研究网络健康社区用户知识共享的影响因素,发现信任、社会认同等变量对知识共享行为有显著影响。[164]刘璇等研究了在线健康社区用户的回帖行为,发现用户拥有的社会资本(比如关注者数量、活跃度)越多,获得回帖的概率越高。[200]

其二,社会支持理论视角。用户使用在线健康社区的主要目的是获得健康信息和心理慰藉。用户通过与其他成员的互动,获得信息支持和情感支持,而强大的社会支持有助于促进用户的使用意愿。吴江和李姗姗研究了在线健康社区用户的信息服务使用意愿,发现社会支持对促进用户的使用意愿具有显著影响。[133]陈星等整合社会支持理论和承诺—信任模型研究了健康社区用户持续知识分享意愿,发现信息支持和情感支持对满意度和信任具有显著影响,进而促进用户的持续知识分享意愿。[201]唐旭丽等研究了在线健康社区用户的信息采纳行为,发现用户对社区的信任主要源自信息支持,而信息支持则依赖信息的论据质量和来源可信度。[187]

其三,社会交换理论视角。该理论将用户之间的交互看成是社会交换的过程。在线健康社区的用户进行交互时,双方都会获得有价值的资源,比如健康信息和专业建议等。用户得到自己想要的资源,才可能继续进行知识贡献行为。研究通常考察收益和成本要素对用户行为的影响。Yan 等从知识共享收益和成本的角度出发,研究了在线健康社区用户的知识共享,发现自我价值、社会支持、声誉对在线健康社区用户的知识共享有显著影响。[84]Lin 等基于社会交换理论,同时考虑内外部动机,研究了网络医学论坛中医生知识共享的影响因素,发现共同愿景是最显著的影响因素,然后是知识共享自我效能、声誉和利他主义。[202]

从这些文献可以发现,已有研究从社会资本、社会支持、社会交换等视角研究了在线健康社区用户行为,较少考虑社会影响对用户行为的作用。作为社区的一员,单个用户的行为将受到其他成员的显著影响,即社会影响。例如朋友的推荐往往有最直接的效果,因此本研究将考察社会影响对在线健康社区用户分享行为的作用机理。

3.2　研究模型与假设

3.2.1　社会支持

社会支持是指个人在团体中受到支持、照顾和被帮助的经历。在线社会支持通常是无形的,包括信息支持和情感支持。信息支持是指提供建议、意见或者有助于问题解决的信息,来解答用户问题或提供思路,帮助做出明智的决定。情感支持是指提供心理上的支持,如同情、关怀或理解,让用户感到心理安慰,有助于间接解决问题。因此社会支持既会在信息上给予帮助,又会让人得到心理上的慰藉。这种良好的体验使用户更愿意与其他用户进行社会互动,而社会支持提供者也会从互动中获得认同,产生满足感。

如果用户在社区得到社会支持,他就有可能将其推荐给身边的人,尤其在疫情防控期间,用户的健康意识更加强烈,即使自己未曾使用过在线健康社区,他也可能遵从推荐人的意愿采纳和使用该社区。另外,社会支持会使用户产生归属感和认同感,将社区规范内化为其行为准则,促进其持续使用。人们在健康问题上会更想得到情感和信息支持以及有形的帮助。吴江和李姗姗发现社会支持对促进在线健康社区用户的使用意愿有显著影响。[133]张星等基于信息系统成功模型与社会支持理论研究了在线健康社区用户忠诚度,发现评价支持和情感支持对在线健康社区用户的社区归属感有显著影响。[75]因此,本研究假设:

H1a:社会支持正向影响主观规范。

H1b:社会支持正向影响社区认同。

H1c:社会支持正向影响群体规范。

3.2.2　隐私关注

隐私关注是"用户对交易过程中个人信息被其他人获取和使用等问题的关注"[203]。随着在线健康社区的快速发展,个人的隐私安全问题日益突出,因此用户的隐私关注度不断提高。用户使用在线健康社区寻求帮助时会披露自己的健康状况和过往病史等个人信息。这些个人信息一旦被其他人滥用,用户的风险感知就会显著提升,这将影响他们对社区的认同和使用意愿。用户不愿意提供个人信息,隐私关注程度高,自然就不愿意将其分享给身边的好友。信息越重要,用户的隐私关注程度就会越高,如自己的财务信息和医疗记

录等。Bansal 发现隐私关注对提供个人信息的意向有显著负向影响。[204]因此,本研究假设:

H2a:隐私关注负向影响主观规范。

H2b:隐私关注负向影响社区认同。

H2c:隐私关注负向影响群体规范。

3.2.3　社会影响

社会影响理论认为个人受到外界的影响,从而使自己的想法、态度和后续行为随之发生变化。根据社会影响理论,个人行为受到三个社会过程的影响:顺从、认同和内化。顺从反映一个人遵守对其重要的其他人的意见;认同反映对在线社区的认同,包括归属感、成员感等;内化反映个人的价值理念与其他成员的价值理念趋于一致。顺从、认同和内化分别由主观规范、社区认同和群体规范反映。

主观规范反映了对用户重要的人的意见会影响其行为,强调外界对个人的影响。如果大多数对用户重要的人推荐其使用该社区和分享知识,即使该用户并不了解此社区,也可能会根据他人的推荐参与使用和分享。Ku 等研究认为主观规范会影响社会化网络服务用户的持续使用意愿。[205]因此,本研究假设:

H3:主观规范正向影响在线健康社区用户的知识分享意愿。

社区认同反映了个人对在线健康社区的归属感、成员感等。在健康社区中,社区成员会建立个人资料,参与社区活动并与其他用户进行交互。社区认同将提升用户参与社区的积极程度,用户在情感上形成了对社区的归属感、依附感,建立了对社区的忠诚度,他们愿意积极分享知识来促进社区的发展。因此,本研究假设:

H4:社区认同正向影响在线健康社区用户的知识分享意愿。

群体规范反映了用户遵守社区规范的力度。用户会寻找感兴趣社区的目标、价值观和惯例,在重复参与社区实践活动并了解社区规范后,用户会选择加入与自己价值观一致的社区,并遵守相应的社区规范。由于用户的目标价值观都相似,因此会更喜欢社区氛围并自觉采取与社区规范一致的行为,主动贡献自己的知识。更强的群体规范导致用户参与虚拟社区的意愿更高。[163]研究发现群体,规范也会促进用户在社区的贡献行为。[117]因此,本研究假设:

H5:群体规范正向影响在线健康社区用户的知识分享意愿。

根据理性行为理论、计划行为理论,个人的行为受到行为意向的影响。因此,本研究假设:

H6:在线健康社区用户的知识分享意愿正向影响知识分享行为。

研究模型如图 3.1 所示。

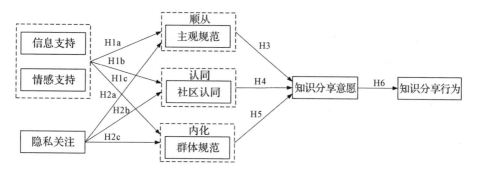

图 3.1　研究模型

3.3　数据收集与分析

3.3.1　问卷设计与数据收集

研究模型包括 7 个变量,各测量指标均来自已有文献,以保证量表的内容效度。表 3.1 列出各变量测量指标以及其来源，所有指标均采用李克特七级量表进行测量。问卷设计完成后，首先邀请了 20 名用户填写此问卷并提出修改意见，之后根据建议对问卷进行相应的修改和完善，以提高问题的可读性和可理解性。

研究通过腾讯问卷进行发放，共收回有效问卷 335 份。其中男性与女性的比例分别为 53.7% 和 46.3%，20~29 岁的用户占比为 57.3%，63.9% 的被调查者学历在大学本科及以上，43.6% 的用户使用在线健康社区的时间超过半年。常用的健康平台为丁香医生（35.8%）、好大夫（25.4%）、阿里健康（21.2%）、春雨医生（18.5%）、Keep（17.3%）、知乎健康（16.1%）等。

表 3.1　变量及指标

因　子	指　标	指标内容	来　源
主观规范 （SN）	SN1	那些对我很重要的人认为我应该在该社区进行知识分享。	[117]
	SN2	那些会影响我的行为的人鼓励我在该社区进行知识分享。	
社区认同 （CI）	CI1	参与社区将增加我结识具有共同兴趣的成员的机会。	[162]
	CI2	社区成员彼此保持紧密联系，将社区作为一个分享健康信息的渠道。	
	CI3	社区的成员强烈感受到社区是"一个整体"。	
	CI4	我为成为在线健康社区的一员而感到自豪。	
群体规范 （GN）	GN1	请估计自己作为在线健康社区的一员坚守共同目标（促进健康知识交流与分享）的力度。	[206]
	GN2	请估计在线健康社区其他人坚守共同目标的平均力度。	

因　子	指　标	指标内容	来　源
情感支持 （ES）	ES1	遇到健康问题时,在线健康社区用户会给我支持。	[207]
	ES2	遇到健康问题时,在线健康社区用户会给我安慰和鼓励。	
	ES3	遇到健康问题时,在线健康社区用户会倾听我的感受。	
	ES4	遇到健康问题时,在线健康社区用户会给予我关心。	
信息支持 （IS）	IS1	遇到健康问题时,在线健康社区用户会给我提供建议。	
	IS2	遇到健康问题时,在线健康社区用户会向我提供有助于问题解决的信息。	
	IS3	遇到健康问题时,在线健康社区用户会帮助我发现原因并提供建议。	
隐私关注 （PC）	PC1	我担心提交给在线健康社区的信息可能会被滥用。	[208]
	PC2	我担心其他人可以从在线健康社区找到有关我的信息。	
	PC3	我担心向在线健康社区提供个人信息,因为不知道其他人如何使用它。	
	PC4	我担心向在线健康社区提供个人信息,因为它可能会以我未曾预见的方式被使用。	
知识分享 意愿（KSI）	KSI1	我打算以后更频繁地与该社区成员分享健康知识。	[209]
	KSI2	我将应社区成员的要求分享健康知识。	
	KSI3	我将以更有效的方式分享健康知识。	

续表

因　子	指　标	指标内容	来　源
知识分享 行为(KSB)	KSB	在该社区每周发布、评论或转发健康信息 （文章）的次数。	[61]

3.3.2　数据分析与结果

数据分析包括两个步骤，首先对数据进行验证型因子分析，结果如表 3.2 和表 3.3 所示，Alpha 值均大于 0.8，显示信度较好。所有指标的标准负载均大于 0.7，AVE(抽取的平均方差)均大于 0.5，CR 值均大于 0.7，AVE 的平方根大于相关系数，说明效度良好。

表 3.2　CFA 结果

因　子	指　标	标准负载	AVE	CR	Alpha
SN	SN1	0.842	0.75	0.86	0.86
	SN2	0.889			
CI	CI1	0.807	0.68	0.90	0.90
	CI2	0.841			
	CI3	0.860			
	CI4	0.794			
GN	GN1	0.756	0.73	0.85	0.84
	GN2	0.952			
ES	ES1	0.810	0.72	0.91	0.91
	ES2	0.889			
	ES3	0.870			
	ES4	0.820			
IS	IS1	0.817	0.74	0.89	0.89
	IS2	0.881			
	IS3	0.880			

续表

因　子	指　标	标准负载	AVE	CR	Alpha
PC	PC1	0.753	0.70	0.90	0.90
	PC2	0.876			
	PC3	0.862			
	PC4	0.837			
KSI	KSI1	0.809	0.70	0.88	0.88
	KSI2	0.837			
	KSI3	0.866			

表 3.3　各因子的相关系数及 AVE 的平方根

	IS	ES	PC	SN	CI	GN	KSI
IS	**0.865**						
ES	0.770	**0.827**					
PC	0.588	0.538	**0.856**				
SN	0.603	0.628	0.479	**0.846**			
CI	0.278	0.247	0.167	0.183	**0.858**		
GN	0.359	0.445	0.255	0.301	0.129	**0.834**	
KSI	0.745	0.618	0.532	0.489	0.274	0.274	**0.838**

　　然后使用 LISREL 软件对结构模型进行分析,结果如图 3.2 所示。表 3.4

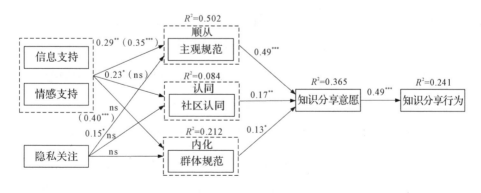

图 3.2　LISREL 估算结果

注:括号外的数值为信息支持的路径系数,括号内的数值为情感支持的路径系数。

列出了部分模型拟合指数,除了 GFI 略低于推荐值,其他拟合指数都在推荐值范围之内,说明该模型具有良好的拟合度。

表 3.4　拟合指数

	χ^2/df	GFI	AGFI	CFI	NFI	RMSEA
推荐值	<3	>0.9	>0.8	>0.9	>0.9	<0.08
实际值	2.473	0.881	0.847	0.975	0.958	0.065

3.4　研究结果与启示

3.4.1　研究结果

基于社会影响理论,本章研究了在线健康社区用户的知识分享行为。研究结果发现社会支持对社会影响有显著影响,隐私关注对主观规范有显著影响,对社区认同和群体规范无显著影响。

图 3.2 的结果显示,H1a 得到支持,信息支持(路径系数 0.29)和情感支持(路径系数 0.35)显著影响主观规范,显示社会支持对于用户接受他人的意见具有显著作用。当用户从交互中获取价值(包括信息支持和情感支持)后,他们更愿意采纳这些有影响力的用户的意见和观点。

H1b 得到部分支持,即信息支持影响社区认同,但情感支持对社区认同没有显著作用。这可能是因为:①部分用户给予的情感支持并不能真正安慰其他用户,因为他们并没有亲身的经历,只有那些拥有相同或相似经历的用户安慰才能产生共鸣,从而使被安慰的用户对社区产生归属感。②用户较为务实,主要通过信息支持而不是情感支持获得归属感。例如参与糖尿病社区的用户的信念是寻找有价值的信息,如果社区其他用户可以给予专业的知识帮助其缓解病情,那么用户会更愿意把此社区分享给具有相同病症的朋友。相比于情感支持,信息支持更能体现出社区的价值,增强用户归属感和凝聚力,促进其分享意愿和行为。

H1c 也是得到部分支持,即情感支持影响群体规范,但信息支持对群体规范的作用不显著。相对于信息支持,情感支持使得用户感到社区更有温度,这有助于用户将社区价值观内化为自己的行动指南。情感支持提供的安慰、鼓励、关心等能够有效缓解用户的负面情绪如焦虑和抑郁,从而促进用户建立对社区规范的认同。

研究结果显示 H2b、H2c 都没有得到支持。这可能是由于隐私关注反映了用户的先验感知,而社区认同和群体规范都是需要用户重复使用社区才能建立和了解的,因此隐私关注对它们的影响并不显著。关于 H2a,研究结果表明路径系数是显著的,但和假设的方向相反,这可能是由于在疫情影响下,用户持续关注疫情发展及自己的健康状况,披露个人信息更为谨慎,感知风险更高,他们更为看重有影响力的用户的意见,以确保自己的行为是合适的。

H3、H4、H5、H6 都得到支持。在社会影响的三个变量中,主观规范(路径系数 0.49)对在线健康社区用户的知识分享意愿作用最强。这表明,对自己重要的人的推荐对知识分享行为具有显著影响。由于在线健康社区是一类新型社区,而且与健康相关,用户在使用之前往往会考虑其他使用者或专家的推荐,而不是依赖自己的经验。同时,受到疫情影响,用户对在线健康社区的参与会更加谨慎,而使用者的推荐成为影响其参与社区分享的主要因素。随着用户的多次使用并找到与自己价值观一致的用户,该用户将对社区产生归属感,将社区规范内化自己的行为规范,从而积极分享健康知识。

3.4.2　启示

研究结果启示管理者：

其一，提高社区发布的信息质量。社区可以邀请一些专家定期解惑或开辟专家专栏，让用户获得更专业的解答。专业的信息有助于建立用户信任，并吸引更多的用户参与。也可以定期开展健康知识讲座，提供更多健康知识。

其二，注重建立社区的情感氛围。社区可以鼓励用户积极进行情感交流和互动，心理慰藉可能起到事半功倍的效果，通过用户分享让其他参与者积极面对自己的健康问题。

其三，提高社区隐私保护的能力。通过采用隐私设置、发布隐私声明、采用信息加密技术等措施，让用户在使用前就对社区的隐私管理放心，从而促进用户的分享意愿。

4 基于 ELM 的在线健康社区用户信息采纳研究

移动通信、人工智能、大数据等技术的发展及其在医疗健康领域的广泛应用,促进了"互联网＋医疗健康"的兴起。庞大的网民群体构成了中国蓬勃发展的消费市场,促进了中国医疗健康服务业的高速发展,催生了在线健康社区的兴起和发展。

近年来,在线健康社区已成为人们寻求医疗信息的重要渠道之一。在线健康社区是在线社区的一种类型,它可以看成是由信息、用户和社区这三个要素组成的复杂系统,三者之间相互依存、相互影响。其中,信息是指在线健康社区的用户之间因交流和互动产生的信息记录,反映了用户的自身需求、认知和情感态度;用户是在线健康社区的参与者和贡献者,他们搜索、获取和传播健康信息;社区是用户在线上进行信息交流的平台,对健康信息进行积累或整合,提供信息服务和知识发现的载体。在线健康社区的成员之间彼此分享信息、经验和感受,并提供情感支持和鼓励。成员不仅可以在社区中讨论与健康相关的问题,例如饮食、运动健身、疾病等,还可以获得其他用户提供的情感支持和慰藉以缓解健康焦虑。

已有文献研究了包括在线旅游、社交媒体、在线问答等在内的多个情境下用户的信息采纳行为,但较少有文献考察在线健康社区用户的信息采纳意愿。在线健康社区用户之间存在频繁交互,包括信息交互、情感交互等,他们不仅从社区获取有价值的健康信息,还获取情感慰藉和支持,这将影响用户的信息采纳意愿。基于此,本章将基于精细加工可能性模型(elaboration likelihood model,ELM),将情感支持纳入研究模型,研究在线健康社区用户信息采纳意愿。研究结果将有助于在线健康社区采取措施促进用户的信息采纳行为,对其可持续发展具有重要意义。

4.1　理论基础

精细加工可能性模型是由著名的社会心理学家 Petty 和 Cacioppo 在 1986 年提出的[210],是用来解释态度形成和改变的双过程理论。该理论模型认为,外部因素引发个体态度的改变是通过两条路径形成的,即中心路径(central route)和外围路径(peripheral route)。当个体通过中心路径处理信息时,他们将对信息的论点进行综合的考虑、评估,认真分析做出判断而改变自己的态度;而当个体通过外围路径处理信息时,很少对信息本身的论据进行判断,主要是根据信息源的可信度等外围线索来改变态度,不需要对信息进行仔细的审查或深思熟虑。个体态度的改变也会受到动机和能力的影响,当个体具有强烈的自我效能,处理信息能力较高时,将采用中心路径;而当个体的自我效能较低,处理信息的能力较低时,将采用外围路径。

4.2　研究模型与假设

4.2.1　论据质量

论据质量反映了在线健康社区中用户对信息的有用性、准确性、相关性、详尽性等的评价。已有研究证实了论据质量是影响用户信息采纳的重要因素。

Bhattacherjee 和 Sanford 发现论据质量、来源可信度、感知有用性和态度对用户技术使用意图有显著的正向影响。[211] 在线健康社区中的信息大都是用户生成的，信息的质量参差不齐。用户需要分析其他用户发布的健康信息内容，结合自己的背景知识来判断信息质量和价值。如果用户获取的信息是不准确的或错误的，他们将不愿意采纳该信息；反之，则会增加他们的采纳意愿。因此，本研究假设：

H1：论据质量正向影响用户的信息采纳意愿。

4.2.2　共同语言

共同语言不仅代表语言本身，还包括作为日常交流的缩略语、术语。共同语言是指在线健康社区的用户共享一套信息代码和语言，比如有关医疗专业知识的内容缩写和行话。共同语言能够保证用户之间沟通的有效性，这在信息采纳行为中非常重要，尤其是一些比较难懂的医学专业术语，拥有共同语言的用户可以很好地理解和接收信息。共同语言为用户提供了一种交流的途径，用户之间可以相互交流和理解，促进用户积极、自愿地参与到健康信息的交流中，减少因为专业知识理解不同而产生的阻碍，促进信息的沟通。在线健康社区中的信息主要通过一些文字和图片等进行传播，没有共同语言的用户之间，即使其信息采纳意愿非常强烈，也有可能无法达成一种心理上的共鸣，从而影响采纳意愿。因此，本研究假设：

H2：共同语言正向影响用户的信息采纳意愿。

4.2.3　来源可信度

来源可信度是指采纳者认为信息的来源是可信和可靠的。来源可信度可以从两个方面考虑，一是信息发布者的能力，二是信息发布者的身份。由于医疗健康知识的专业性，用户有时难以判断信息的真实性和价值，这种情况下他们可能更加信任有影响力的专家用户的意见,以减少信息采纳的风险。来源可信度将会影响用户对健康信息的信任和接收。人们只有在认为健康信息是可靠的情况下,才会倾向于接收信息和在线转发信息。因此,本研究假设:

H3:来源可信度正向影响用户的信息采纳意愿。

4.2.4　情感支持

情感支持反映了其他用户表达的鼓励、同情和关注。当用户面临健康问题时,他们通常处于担忧和不安等消极情绪中。他们可能期望其他人能够倾听自己的感受,表达对自己的关心和支持,这可能会让他们感到舒适和放松,并促进他们的采纳意愿。社会交换理论认为,当一个人从他人那里获得利益时,他会以同样的方式回报他人的支持。如果用户在社区中得到他人关心,用户可能会不自觉地为其他人也提供类似的帮助。在线健康社区的用户不仅期望获得关于健康问题的建议和意见,还想要得到他人提供的情感上的鼓励和安慰。因此,本研究假设:

H4:情感支持正向影响用户的信息采纳意愿。

4.2.5　自我效能

自我效能是社会认知理论的重要概念,是指人们对自己是否有能力执行某一项活动的自信程度。自我效能高的个体对未来的结果往往有积极的预期。研究发现,用户的自我效能感对使用意愿具有积极影响。用户的自我效能感越高,那么未来越有可能使用该系统。互联网的便捷性使用户对结果预期更积极,这有可能影响他们的自我效能和信息采纳意愿。因此,本研究假设:

H5:自我效能正向影响用户的信息采纳意愿。

根据 ELM 理论,人们在信息处理过程中存在中心路径和外围路径两条路径,而态度的改变取决于个人的动机和能力。自我效能高的人愿意接受挑战,通过努力去达到自己的目标;而自我效能低的人不愿付出努力,希望借助外力来达到自己的目标。Zhou 基于 ELM 模型探讨了手机银行用户的初始信任,结果表明初始信任沿着中心路径和外围路径发展,自我效能调节中心因素和外围因素对初始信任的影响。[212]以上表明,自我效能将影响用户的信息采纳决策。具体来说,自我效能将正向调节中心因素的作用,而负向调节外围因素的作用。因此,本研究假设:

H6:自我效能对论据质量和信息采纳意愿之间的关系起到正向调节作用。

H7:自我效能对共同语言和信息采纳意愿之间的关系起到正向调节作用。

H8:自我效能对来源可信度和信息采纳意愿之间的关系起到负向调节作用。

H9:自我效能对情感支持和信息采纳意愿之间的关系起到负向调节作用。

图 4.1 展示了研究模型,中心因素包括论据质量和共同语言,而外围因素包括来源可信度和情感支持,自我效能调节中心因素和外围因素的效应。

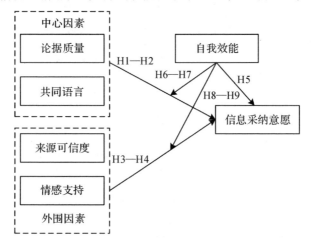

图 4.1　在线健康社区用户信息采纳模型

4.3 数据收集与分析

4.3.1 量表设计与数据收集

本模型包括 6 个因子,其中每个因子包括 3~4 个测量指标,这些指标均改编于已有文献,以提高量表的内容效度。所有指标均采用李克特七级量表。指标和来源见表 4.1。

表 4.1 测量指标及来源

变　量	指　标	指标内容	来　源
论据质量 （AQ）	AQ1	在线健康社区提供的信息是有用的。	[211]
	AQ2	在线健康社区提供的信息是有帮助的。	
	AQ3	在线健康社区提供的信息是有价值的。	
	AQ4	在线健康社区提供的信息是有说服力的。	
来源可信度 （SC）	SC1	在线健康社区的回答者对该话题具备丰富的知识。	[211]
	SC2	在线健康社区的回答者是可信的。	
	SC3	在线健康社区的回答者是可靠的。	
	SC4	在线健康社区的回答者是该领域的专家。	
情感支持 （ES）	ES1	遇到健康问题时,在线健康社区中的一些人会给我支持。	[181]
	ES2	遇到健康问题时,在线健康社区中的一些人会鼓励和安慰我。	
	ES3	遇到健康问题时,在线健康社区中的一些人会认真地聆听我内心的想法。	
	ES4	遇到健康问题时,在线健康社区中的一些人会关心我。	

续表

变　量	指　标	指标内容	来　源
共同语言 （CL）	CL1	在线健康社区中的成员之间交流使用术语或者行话。	[55]
	CL2	在讨论的时候，在线健康社区中的成员使用可理解的交流方式。	
	CL3	在线健康社区中的成员使用可理解的表达形式发布消息或文章。	
自我效能 （SE）	SE1	如果有操作指南作为参考，我有信心从在线健康社区获取信息。	[212]
	SE2	我有能力对在线健康社区的信息有用性进行判断。	
	SE3	我能够从在线健康社区获取有用信息。	
信息采纳 意愿（AI）	AI1	我愿意按照了解到的健康信息去生活。	[213]
	AI2	我愿意根据了解到的健康信息来改变我不健康的行为。	
	AI3	我愿意继续关注在线健康社区中的信息。	

研究通过腾讯问卷在线发放问卷，问卷以链接的形式发布在 QQ 空间、微信朋友圈等社交平台上。共收到 350 份有效问卷，其中男性比例为 48.3%，女性为 51.7%；91.1% 的用户年龄在 20～29 岁；92.3% 的用户具有本科及以上学历。用户经常使用的在线健康社区包括：百度医生（54.3%）、丁香园（51.7%）、知乎健康（42.3%）、好大夫在线（32.6%）、39 健康网（23.7%）等。33.7% 的用户使用在线健康社区半年以上。

4.3.2　数据分析

首先，使用 SPSS 23 进行信度分析。每个因子的 Alpha 系数均大于 0.7，说明测量模型具有较好的信度。此外，大部分指标对应的因子负载均大于

0.7,AVE 值均大于 0.5,CR 值均大于 0.7,说明测量模型具有良好的效度。
具体结果见表4.2。

表4.2　CFA 结果

因　子	指　标	标准负载	AVE	CR	Alpha
AQ	AQ1	0.769	0.70	0.87	0.87
	AQ2	0.818			
	AQ3	0.799			
	AQ4	0.784			
SC	SC1	0.760	0.63	0.87	0.87
	SC2	0.859			
	SC3	0.832			
	SC4	0.723			
ES	ES1	0.795	0.64	0.90	0.90
	ES2	0.867			
	ES3	0.825			
	ES4	0.828			
CL	CL1	0.505	0.56	0.78	0.73
	CL2	0.868			
	CL3	0.825			
SE	SE1	0.742	0.60	0.81	0.81
	SE2	0.746			
	SE3	0.813			
AI	AI1	0.841	0.70	0.87	0.87
	AI2	0.840			
	AI3	0.822			

　　然后,运用 LISREL 8.7 对结构模型进行了分析,计算模型的路径系数
值,检验假设是否成立。路径系数和显著水平如图 4.2 所示,部分拟合指数值
见表 4.3。结果显示该模型拟合优度较好。

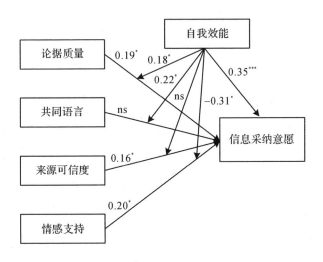

图 4.2　路径系数和显著性水平

表 4.3　拟合指数

	χ^2/df	GFI	AGFI	NFI	CFI	RMSEA
推荐值	<3	>0.9	>0.8	>0.9	>0.9	<0.08
实际值	2.290	0.902	0.863	0.976	0.986	0.061

4.4　研究结果与启示

4.4.1　研究结果

　　基于 ELM 理论,本章建立了在线健康社区用户信息采纳意愿模型。研究结果显示,除了 H2、H8 之外,其余假设都得到了支持。因变量信息采纳意愿的 R^2 为 70.6%,显示本模型解释力较好。研究发现,论据质量、来源可信度、情感支持和自我效能显著影响采纳意愿;共同语言对采纳意愿没有显著影响;自我效能正向调节论据质量、共同语言对采纳意愿的作用,负向调节情感支持对采纳意愿的作用。具体分析如下：

在影响因素中，论据质量的路径系数为 0.19，来源可信度的路径系数为 0.16，情感支持的路径系数为 0.20，自我效能的路径系数为 0.35。自我效能对用户信息采纳意愿的影响最大，情感支持的影响次之。这表明用户在采纳信息时，不仅受到自我效能的影响，情感支持也起到了重要作用，显示了情感支持对用户行为决策的重要作用。这也进一步验证了 Bandura 在社会认知理论中提出的个体的认知会对其态度或行为的改变起主导作用。此外，随着互联网技术的发展，人们可以在网上分享越来越多的健康信息，自我效能较高的用户与自我效能较低的用户相比，会更容易在网上搜索健康信息，并且更有信心去解决生活中遇到的一些健康问题。对于在线健康社区的用户来说，他们不仅期望便捷地获得健康信息，还希望在与他人的互动中得到帮助和关心。人们总在不经意间对那些对自己表达同情和提供帮助的人产生好感，这种好感促使用户采纳健康信息。

研究没有发现共同语言对信息采纳意愿的作用，可能的原因包括以下两方面：①用户在采纳信息时更多关注健康信息的内容本身（论据质量），包括信息的有用性、真实性等，对于专业词汇是否形成了共同的语言或行话不大关注。②共同语言的形成需要较长时间的参与和交互，并且一些健康信息知识较为专业，用户可能并不熟悉专业词汇或行话，因此他们更多关注情感交互等因素的作用。

研究发现，自我效能正向调节中心因素包括论据质量和共同语言对信息采纳意愿的作用，负向调节外围因素包括情感支持对采纳意愿的作用；自我效能高的用户更为关注信息内容质量和共同语言，而不大关注情感支持等外围因素。研究没有发现自我效能对来源可信度和信息采纳意愿之间关系的调节作用，可能的原因是无论用户的自我效能高低如何，他们还是高度重视健康信息的来源是否权威可靠，因为这直接关系其身体健康。

人口统计学特征性别、年龄对信息采纳没有显著影响，而受教育程度对用户信息采纳有显著影响。研究显示受过高等教育的用户，更容易利用科技进步带来的优势,通过在线方式去获取健康信息;而教育文化水平较低的用户,更可能通过采用传统的方式获得健康信息,比如线下向医护人员进行咨询并与之交流,向自己的家人、朋友或者邻居询问等。

4.4.2 启示

本章的研究结果对在线健康社区的管理者具有以下启示:

其一,鼓励用户发布更专业和有价值的信息。对那些信息反馈良好的用户提供身份标签、荣誉称号,甚至允许用户对其打赏,从而促使其发布高质量信息。

其二,规范社区管理,增强信息来源的可靠度。在线健康社区的信息大部分是非专业医学人员无偿分享的,信息的可信度无法得到有效保证。虚假信息被其他用户采纳后,可能会造成用户身体上的伤害,将会给社区的运营带来不利的社会影响。因此管理者要采取措施对用户所发布的信息内容的真实性进行审核,这一方面可减少虚假信息带来的负面影响,另一方面可提高用户的健康素养。

其三,重视社区内用户之间的情感支持。社区管理者可以根据用户的浏览行为或健康记录向其推荐具有相似经历或疾病的用户。因为这些具有相似经历的用户更容易产生情感上的共鸣,能够给对方提供鼓励和关心,帮助对方缓解心理压力。

本研究也存在一定局限,仍有拓展空间。比如:

其一,本次考察的因素包括论据质量、共同语言、来源可信度、情感支持等,未来的研究可以考察其他中心因素和外围因素如平台质量、声誉等的作用。

其二,本研究的调查对象主要为年轻用户(20~29岁),但中老年用户也是在线健康社区的一个重要群体,未来的研究可比较这两个群体行为的差异。

其三,本章主要研究了用户的信息采纳意愿,行为意愿是实际行为的显著影响因素,未来的研究可以考察信息采纳行为,以提供更丰富的研究结果。

5 基于 SOR 的在线健康社区用户信息采纳研究

在线健康社区作为人们寻求医疗信息的重要渠道之一,在一定程度上缓解了医疗资源的紧缺和信息的不对称,得到了用户的广泛使用。但是在线健康社区中的信息内容,不仅包括专业医生提供的信息,还有大量病患和非病患人群发布的信息及各种医疗保健商业广告。其信息来源多而杂,信息内容的真实性和权威性无法保证,增加了用户的感知风险。如何使用户放心采纳在线健康社区中的信息,是在线健康社区生存与发展所面临的重要问题。基于此,本章将基于刺激—有机体—反应框架(SOR 模型)并结合信息采纳模型、信息系统成功模型等构建在线健康社区用户信息采纳模型,从而发现影响用户信息采纳的显著因素,促进在线健康社区的持续快速发展。

5.1 理论基础

5.1.1 SOR 模型

刺激—有机体—反应(stimulus-organism-response,SOR)模型是 Mehrabian 和 Russell 基于刺激—反应模型(S-R 模型)而提出的由外部刺激因素(S)、用户内在机体状态(O)和趋近倾向或消极规避最终反应行为(R)三部分构成的研究模型框架,用来探究环境刺激因素对人最终反应行为的影响。其中,刺激(S)代表外部环境,如信息质量、信息技术、在线评论等;有机体(O)代表了个体的心理状态变化,例如情感反应和认知反应等;反应(R)代表了个体行为或态度的结果变量,通常表现为对某一事物的趋近行为或规避行为。该理论认为外部环境刺激是影响个体情绪状态的前提,其情绪反应可能会导致个体行为或意愿的产生。

SOR 模型被广泛用于解释用户行为,包括在线购物行为、持续使用行为等。在线购物行为方面,Park 和 Lennon 研究了品牌名称和促销作为外部刺激因素、消费者感知价值和商店形象作为有机体对购买意愿的影响,结果显示品牌名称和促销对消费者的购买意愿有积极影响,感知价值、商店形象和行为意向之间存在正相关关系。[214]Parboteeah 等基于 SOR 模型探讨了网站对用户的在线冲动购买行为的影响,结果表明购物界面的设计会通过影响与任务相关和情绪相关的线索影响用户的冲动购买行为。[215]Eroglu 等认为网络商店的环境影响购物者的情绪和认知状态,进而影响他们的使用意愿,研究结果表明购物期间的情绪对顾客的态度、满意度及趋近/规避行为有显著影响。[216]Kühn 和 Petzer 应用 SOR 框架构建了在新兴市场环境下网店顾客购买意愿模型,证实了视觉吸引力和感知有用性通过信任显著影响顾客购买意愿。[217]Aggarwal 和 Rahul 利用技术接受模型和刺激有机体反应模型探讨了感知有用性、信息质量、信任、满意度与购买意愿之间的关系,结果发现感知有用性和信息质量对满意度和信任有正向影响,信任和满意度对消费者购买意愿具有正向影响。[218]

持续使用行为方面,吴华君等基于 SOR 模型,提出了慕课课程持续学习意愿模型,验证了刺激输入(教师技术性支持、教师情感性支持、教师认知性支持)、学习者体验(感知易用性、心流体验、感知有用性)和学习者反应(持续学习意愿)三者之间的关系。[219]朱红灿等采用 SOR 框架,研究了用户对政府数据开放平台的持续使用意愿,结果发现政府数据开放平台环境刺激和心流条件因素通过心流体验对用户的持续使用意愿产生积极影响。[220]甘春梅等以SOR 模型为基础,研究了人际互动、社会支持对信任及社会化商务意愿的影响,结果证明了人际互动对信任的三个维度有不同程度的影响,且基于能力、诚实和善意的信任均显著影响社会化商务意愿。[221]张星等将动机理论与 SOR 模型结合起来,研究了在线健康社区用户的知识共享行为,考察了报酬、自我效能以及利他主义对健康知识共享行为的影响。[222]粟路军等构建了以服务质量为外部环境,消费情感(积极情感和消极情感)和旅游者满意为内部情感状态,旅游者抵制负面信息意愿为行为反应的整合模型,研究了服务质量对旅游者抵制负面信息意愿的影响机制。[223]姜婷婷等采用实验方法探索了在线健康信息标题类型、用户的内在状态和用户对信息标题的选择三者之间的关系。[224]

通过上述文献可以看出,购物环境、社会关系、平台的功能属性、信息特征等通常作为刺激因素,用户的态度、情感、认知等作为有机体内部状态变化量,消费者购买意愿、用户的持续使用行为等作为个体的反应。就在线健康信息采纳而言,其本质上也是用户对健康信息和外部环境等引发的刺激而产生的一定的情感情绪和认知反应,继而促进个体做出趋近反应,即信息采纳意愿。

5.1.2 信息采纳模型

随着国内外学者对信息技术采纳理论的深入研究,在线用户的信息行为成为近几年学术界关注的焦点。2003 年,Sussman 和 Siegel 在《组织中的信息影响:知识采纳的整合方法》一文中首次提到"信息采纳行为"一词。2007 年,Nguyen 和 Western 在《网络新闻和信息采用/使用的社会结构相关性:对数字鸿沟的影响》中也提到了"信息采纳行为"一词。但是,以上两篇文章并没有对"信息采纳行为"给出具体的解释。直到 2008 年,Cheung 等对

"信息采纳行为"的概念进行了简单的描述,即"信息采纳是人们有目的地使用信息的过程。信息采纳行为是个体在虚拟社区中进行的主要活动之一。"[225]。

其后,国内学者对信息采纳行为进行了研究。宋雪雁与王萍认为对信息采纳的描述只是发现了信息采纳与信息使用之间的关联,却没有认识到信息采纳更是用户根据自己的认知进行信息的评估、选择和决策的过程,即对"采纳"这一行为的本质体现不足;正是这种认知和判断的过程将信息采纳行为与信息行为的其他分支——信息需求、信息检索、信息寻求和信息利用区别开来,独立成为信息行为的一个类型。[226]信息采纳行为包括信息搜寻和整合、信息选择和评价、用户吸收和利用以及采纳后这 4 个阶段的决策过程。[227]目前对"信息采纳行为"还没有一个统一的概念,但综上所述,它们都有这样一些共同点:信息采纳是组织或个体对新知识、新技术、新信息的主动性行为,是组织或个体有意识地为了达到某种预期目的而进行的行为;信息采纳是多阶段的决策过程。[228]基于此,本研究认为信息采纳行为是个体有目的地、主动地进行信息的搜寻、评估、筛选、接受和使用的决策过程,并且该过程随着问题的解决会影响个体以后的行为,而信息采纳意愿则可以视为个体信息采纳行为的前因变量。

ELM 模型认为个体态度的转变存在两条路径:中心路径和外围路径。[229]其中,中心路径要求个体批判性地思考信息中的论据,并仔细审查这些论点的意义,进而导致用户态度的转变,形成长期持久、稳定、可预测的行为结果。与中心路径相反,外围路径用户仅需付出较少的努力参与思考,而主要依靠信息的外围线索进行评估判断,从而考虑是否改变自己的态度。外围路径所形成的态度与中心路径相比并不持久,且稳定性差,容易受到负面因素的影响。这种态度的转变无法预测长期行为,且个体对于信息路径的选择受信息加工的能力(ability)和动机(motivation)的影响。[230]虽然 ELM 模型能预测各种因素对信息采纳的影响,但它排除了信息的有用性在信息采纳过程中的作用。

2003 年，Sussman 和 Siegal 通过梳理采纳的相关文献发现了信息有用性是影响采纳行为的关键因素，所以将精细加工可能性模型和技术接受模型进行整合，提出了信息采纳模型（information adoption model，IAM），见图 5.1。

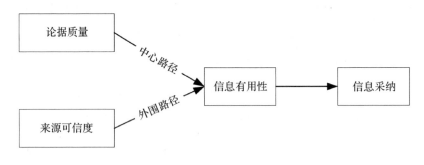

图 5.1　信息采纳模型

当信息采纳者处于较高水平精细加工程度时，中心路径的信息质量是影响信息采纳的主要因素；而当信息采纳者处于较低水平精细加工程度时，外围路径的信息源可信度则会成为信息采纳的主要因素，信息有用性会随着信息源可信度的提高而提高。[231]IAM 模型从理论的视角阐述了在互联网环境下影响信息采纳行为发生的因素，强调了信息有用性在信息采纳过程的关键性作用，包括两个特征：一是在信息采纳背景下，信息有用性在论据质量、信息来源可信度和采纳行为之间起到中介作用；二是信息有用性对信息采纳的影响要比 ELM 模型的中心线索和外围线索更强。对该模型进行检验时，论据质量用完整性（complete）、一致性（consistent）和准确性（accurate）来反映；信息的来源可信度可以用信息发布者在该领域的专业程度、发布者个人的亲和力和可靠性等边缘线索进行测量。

已有文献将 IAM 模型应用于购买决策、在线评论、众筹、社交媒体等方面的研究。Zhu 等基于 IAM 模型，考察了 C2C 在线社区消费者购买决策行为，发现论据质量、信息源可信度和关系强度通过产品的有用性评价正向影响购买决策。[232]Yoo 等研究了游客信息处理过程，发现信息质量、来源可信度、互动性以及及时性对游客的出行决策具有显著影响;研究还发现游客的自我效能感对中心路径具有显著的正向调节作用,但对外围路径则相反。[233]Wang 等研究了回报众筹中资助者的资助意图,发现中心因素(产品创新性、感知产品质量、创作者能力)和外围因素(网页视觉设计)对资助者的资助意图有显著影响。[234]Huo 等通过整合社会影响理论、信息采纳模型等,构建了社交媒体用户知识采纳模型,研究结果表明知识质量、知识共识和来源可信度通过信任对知识采纳产生积极影响,知识丰富度有助于提升用户对知识质量、来源可信度和知识共识的感知,健康威胁调节各因素与知识采纳之间的关系。[235]Coursaris 等认为信息采纳模型只关注了信息和来源特征,而没有考虑用户或浏览者的特征,他们通过对 YouTube 的研究证实了信息源可信度、信息类型和观众特征对信息质量、信息有用性、信息满意度和 IAM 的影响,从而扩展了现有的 IAM 模型。[236]

5.2 研究模型与假设

如前所述,虽然 IAM 模型是解释个体信息采纳的主要模型,但它忽略了个体与个体交互、个体与平台交互的影响。一方面,人们在生活、工作或学习中,离不开与他人的交流与互动,容易受到社会情境因素的影响,即个体感知到的与他人的相似性和熟悉性等;另一方面,个体行为还取决于所使用平台的质量,包括系统质量、服务质量等。基于此,本章将以 SOR 模型为研究框架,综合信息采纳模型、信息系统成功模型和社会交互理论,从信息因素、社交互动因素和平台因素三个维度来研究在线健康社区用户信息采纳意愿。详见图 5.2。

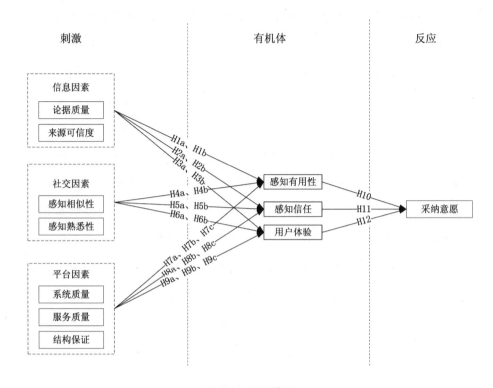

图 5.2　研究模型

5.2.1　信息因素

信息因素包括论据质量和来源可信度两方面。

5.2.1.1　论据质量

论据质量反映了在线健康社区提供信息的丰富性、相关性、准确性等与信息本身质量有关的特性。论据质量是信息采纳模型的核心变量之一。具有较高精细加工程度的用户倾向于综合考虑各方面因素,因此较多受到论据质量的影响。在线健康信息咨询环境下,信息是用户之间以及用户与群体之间进行交换的主要资源,个体感知到的论据质量在评估信息的有用性和确定信息提供者身份的可信度方面发挥了重要作用。论据质量可以帮助用户对信息的有用性进行判断,进而帮助他们决定是否采纳该信息。感知有用性是批判性思维的结果。在线健康信息的处理过程中,关注论据质量的人会积极进行信息的搜索和共享行为。在线健康社区中的内容大都是用户生成的,信息越丰富,用户在决策时面临的不确定性就越低。

论据质量可以通过影响用户体验来改变其对在线健康社区使用的态度,在线健康社区给患者提供了交流医疗健康知识、治疗经验和分享医疗常识的平台。患者可以通过阅读帖子、病友互动、发布帖子等方式来缓解焦虑和获得满足。高质量的健康信息可以为用户提供良好的体验,并提高感知有用性。在线健康社区提供多种媒体包括丰富的社交文本、信息图片、个性化的资讯和通俗易懂的音频展示等。一方面,各种媒体形式的结合使用可以传递多种信息线索,有助于信息提供者在传递信息时强调关键点并表达某种态度,这使信息接收者能够准确地理解收到的信息;另一方面,社区中的评论和回复功能,有助于提高信息的即时性,让用户能够像面对面交流一样建立社交互动,从而增强用户社交体验。

Li 发现说服性信息的论据质量对感知有用性和易用性有正向影响,且感知有用性更能决定员工的使用态度。[237]Peng 等研究了女性用户使用时尚导购网站时的信息采纳意愿,发现了论据质量对信息有用性的显著影响。[238]Keen 研究发现论据质量是网络媒体中建立信任的重要因素。[239]Zhou 发现论据质量会影响用户对手机银行网站的初始信任,且论据质量是影响用户信任的决定性因素。[212]Yi 等认为论据质量在决定个体是否信任在线健康信息方面发挥着重要而独特的作用。[240]Zhu 等发现论据质量和来源可信度通过产品有用性评价正向影响购买决策。[232]Abid 等认为论据质量增加网络信任,进而对用户的信息采纳行为产生影响。[241]Gao 和 Bai 认为旅游网站的论据质量正向影响流体验。[242]由于用户需要花费大量的时间和精力去评估信息,论据质量将通过中心路径影响用户的感知有用性、信任和体验。因此,本研究假设:

H1a:论据质量显著影响感知有用性。

H2a:论据质量显著影响感知信任。

H3a:论据质量显著影响用户体验。

5.2.1.2　来源可信度

来源可信度是指信息来源被信息接收者认为可信、专业和值得信赖的程度。用户在使用信息时除了通过中心线索进行决策采纳,还可以通过信息发布的平台和信息发布者的身份标识、专业等级、关注数量、是否经过认证和回复频率等信息的外围线索评价信息的可靠度。在线健康社区的用户大都不具备健康医疗专业知识,缺乏对信息准确性、真实性的判断。如果信息是由专业医疗领域的专家或者学者发布的,那用户更有可能认为信息是可信、有价值的,进而采纳信息。基于这些专家的独特地位,个体更倾向于信任这样的专家,并相信他们提供的建议。

社交网络的匿名性使得信任的作用越来越重要。用户认为高可信度的信息来源能够提供有用的信息,并信赖他们。具有高权威性和可靠性的信息来源通过贡献和传递有说服力的信息,可以满足用户的社交情境需求,有助于激发用户的沉浸感,使得个体对社区产生更强的归属感,改善用户在社区中的体验。与其他类型的信息相比,医疗健康知识需要更加科学和专业性的评估,然而社区中大多数用户没有相关的专业知识来直接评价信息内容是否可信可靠,这就决定了他们采纳信息时更多地依赖外围线索,而不是论据质量。特别是在某类健康信息建议来自公认的或值得信任的健康专家的情况下,潜在用户可以用专家的建议替代他们努力思考的过程,通过外围线索来评估信息有用性。

来源可信度在在线健康社区中起着重要作用。在线健康社区中,用户的身份通常是匿名的,这使得患者搜寻和浏览信息时会产生不信任和怀疑。但是一些其他身份标识和边缘线索可能建立用户的信任。在线健康社区中,患者不仅可以分享他们的治疗经验和治疗方式,还可以分享他们看待疾病的积极和消极的情绪,这些信息的披露提高了用户的感知有用性,因为患者认为它们是真实和真诚的。由于新用户缺乏与社区的直接互动,他们很难用自己的判断形成信任。他们可能依靠信息的外围线索,如声誉或者网站外观来建立信任。Tonder 和 Petzer 认为在电子银行服务环境中,来源可信度通过感知有用性对客户的公民行为(帮助和宣传意图)产生积极的作用。[243] Bhattacherjee 和 Sanford 在精细加工可能性模型的基础上引入了技术接受理论中的感知有用性和态度,比较两种路径对信息技术接受意愿的作用,证实了来源可信度通过感知有用性影响信息技术的接受意愿。[211] Abedi 等认为电子口碑的论据质量和来源可信度对感知有用性有直接影响。[244] 因此,本研究假设:

H1b:来源可信度显著影响感知有用性。

H2b:来源可信度显著影响感知信任。

H3b:来源可信度显著影响用户体验。

5.2.2　社交因素

社交因素包括感知相似性和感知熟悉性两方面。

5.2.2.1　感知相似性

Gilly 等认为相似性或同质性是指个体之间具有相似属性的程度,如生活方式、偏好和价值观等。[245] 本研究中的感知相似性是指在线健康社区背景下,用户疾病类型、发病特征、治疗方法和感受等方面的共性。相似理论认为人们很容易被与其经历或性格特征相似的人吸引。消费者对其他成员感知的相似性有助于他们之间的沟通交流和互动。用户之间的信任也不是随机产生的,而是受到人际关系的某些特征影响。用户更倾向于相信那些具有相似或相同病症的人分享的帖子。在具有相似经历的情况下，患者更容易与之产生共鸣，信任该用户并且认为信息是真实的、有帮助和有价值的。而相似的病症缩短了用户之间的心理距离，提高了彼此之间的信任度。

线上社区的交流互动，给用户营造了一种轻松愉快的氛围，有助于用户产生认同感、信任感，改善用户体验，减少了信息的不对称，可以让用户更加便捷地获取自己所需的信息。与相似性较低的个体相比，那些高度相似的患者会集中注意力处理信息，从而形成有用性感知。高度相似的用户之间将会产生更多社会互动，从而提高患者选择、认知和组织信息的能力，提高信息说服水平。在线健康社区中的相似查找功能使个体快速筛选出自己所需的健康信息，这将改善用户体验。换句话说，在频繁地参与社区的互动和搜寻时用户全身心投入，这可能会产生流体验。Al-Natour 等指出消费者的相似性感知有助于他们享受互动。[246]研究表明，社会互动与流体验相关。[42]Liu 等研究了人际互动因素（感知专业性、感知相似性和感知熟悉性）对流体验和消费者购买意愿的影响，结果表明人际互动的三个因素与流体验呈正相关，进而影响购买意愿。[247]因此，本研究假设：

H4a：感知相似性显著影响感知有用性。

H5a：感知相似性显著影响感知信任。

H6a：感知相似性显著影响用户体验。

5.2.2.2 感知熟悉性

感知熟悉性是指在线健康社区用户之间交互的频率和关系的强度。患者之间的社会互动帮助他们了解健康信息，熟悉度提高可以降低用户的感知风险，增强患者间的信任和交互的可持续性，有利于信息和资源的交换，从而提高对信息的感知有用性。反之，如果个体间的熟悉度不高，双方之间缺乏交流沟通，就会阻碍信息的传递，用户就会觉得社区无用。用户之间交流越频繁，用户越容易产生信任感，更愿意相信该信息是有价值的，对社区产生的信任度也就越高。随着相关健康问题的解决,用户会认为在线健康社区是可依靠的、值得信任的,感知的有用性也随之变高。

在线健康社区中,成员可以不受时间和空间的限制,选择与具有真实或者虚拟关系的其他人进行互动。社交互动的频繁发生有利于亲密关系的建立,从而提高感知有用性和产生信任。有学者指出感知熟悉性对网络环境下在线口碑传播的有效性具有积极影响。[248]信任可以通过频繁的社交互动来发展。当他们觉得在线交互可以像与熟悉的朋友进行面对面交流时,他们会感受到交流互动带来的愉悦感,因此感知熟悉性会改善用户体验。熟悉拉近了用户之间的心理距离,从而影响用户的体验感。信任是维持可持续关系的一个决定性因素。因为信任减少了个体之间的陌生感,减少了社交焦虑,增进了社区成员之间的关系。

Liu 等发现熟悉度通过流体验影响消费者的购买意愿。[247]李琪等研究消费者参与团购行为时,发现互动性、亲近性和熟悉性能够显著增强消费者的信任和关系承诺感知。[249]Zhu 等考察了 C2C 模式下在线社区消费者购买行为,结果表明关系强度对产品有用性评价有显著影响;关系强度越大,双方之间越熟悉,越有助于信息的交流与沟通,进而促进用户的购买决策。[232]因此,本研究假设:

H4b:感知熟悉性显著影响感知有用性。

H5b:感知熟悉性显著影响感知信任。

H6b:感知熟悉性显著影响用户体验。

5.2.3　平台因素

平台因素包括系统质量、服务质量和结构保证三方面。

5.2.3.1 系统质量

系统质量反映了社区网站界面的导航、易操作、响应时间和视觉吸引力等方面的性能。系统质量的感知关系着用户对社区初始印象的好坏。若在线健康社区难以很快上手使用、用户界面和导航设计不理想,会导致用户放弃使用该社区,并且界面的视觉吸引力也是留住用户的一个因素。在线社区界面设计的美学特征不仅可以吸引用户的注意力,还可以让用户觉得舒适和愉悦。系统质量的好坏关系着用户最终是否会持续使用该社区,如浏览信息、搜索信息和使用信息等。系统质量较差会降低用户满意度,从而导致较差的用户体验。在线健康社区中,系统质量作为一种刺激因素,将影响用户体验。Vance等认为包括视觉吸引力和导航结构在内的系统质量会影响用户对移动技术的信任。[250]Jensen等分析了金融咨询服务使用意图,结果证实了系统质量正向影响用户的信任和体验。[251]因此,本研究假设:

H7a:系统质量显著影响感知有用性。

H8a:系统质量显著影响感知信任。

H9a:系统质量显著影响用户体验。

5.2.3.2 服务质量

在线健康社区的服务质量反映了用户在使用平台的过程中感知服务的可靠性、及时性和个性化等。用户总是期望自己在使用平台的过程中,能享受到方便快捷的服务,这就需要社区运营者投入大量的资源和精力去提升社区的服务水平。服务水平的高低在一定程度上也会对有用性产生影响。对于用户而言,如果在使用平台进行信息检索时,不能够获得可靠、及时和定制化的医疗信息服务,他就会认为社区缺乏向其提供优质服务的能力和诚信,这种负面印象将影响他们对社区有用性的评估,降低信息采纳意愿。在线健康社区为患者提供了丰富的医疗信息,包括以前患者的评论、用户之间互动的数据,甚至情感支持。这些数据可以帮助患者管理疾病,改善用户体验。用户通常希望从社区获得及时并可靠的服务,当这些期望得到满足时,他们可能会产生对社区能力的信任。相比之下,如果用户需要等待长时间的响应,他们就无法建立信任。

此外,个性化服务可以向用户传达社区的善意,这将建立他们的信任。在线健康社区为用户提供了个性化的交互服务功能,如构建个人健康档案、关注与自己疾病相关的博主和好友等,用户可以通过这些功能来获得更优体验。Chen 等在研究移动健康应用用户持续意向时发现,医生的服务质量和信息质量对感知有用性有正向影响,隐私关注可以增强感知有用性对持续使用意愿的影响。[252]Zhou 的研究表明了信息质量和服务质量都会影响信任,信任和隐私风险决定了用户的分享意愿。[253]Zhou 基于 ELM 模型,证实了信息质量和服务质量通过中心线索影响用户的初始信任。[212]因此,本研究假设:

H7b:服务质量显著影响感知有用性。

H8b:服务质量显著影响感知信任。

H9b:服务质量显著影响用户体验。

5.2.3.3　结构保证

结构保证反映了在线社区平台存在确保安全的技术和法律结构。结构保证是一种基于制度的保证机制,可以有效地建立用户的信任,并降低他们对在线交易的感知风险。结构保证意味着用户相信社区的提供商能够给人们提供类似担保、监管、承诺、法律追责权等法律保护和技术服务。例如像数据加密这样的技术可以保护一个人免受隐私、身份的泄露或金钱损失。根据信任转移原理,用户可以将他们对第三方的信任转移为对在线健康社区的信任。因此,结构保证可能会影响用户信任。

另外,结构保证减轻了患者对披露个人隐私的担忧。他们认为在该社区进行信息的披露很安全,不用担心自己隐私的泄露,这有助于他们获得愉快的体验。随着数据挖掘技术的进步,在线社区保存了越来越多的用户数据,这些数据可以为用户提供个性化推荐和精准服务,但同时也存在隐私泄露的潜在风险,导致他们的体验感较差。研究发现结构保证会影响用户的使用体验。[154]值得信赖的结构保证缓解了用户的焦虑情绪,减少了认知时间,提高了他们有用性的感知,这使用户能够更积极地与社区进行互动。如果患者很难对一个平台的安全措施感到满意,那么这种担心可能会增加用户的认知时间。因此,结构保证的缺失可能会降低用户满意度。已有研究表明网站张贴安全认证标识可以减少用户心理上的不安全感,改善其体验。

Lee 等在研究线下银行信任向线上转移的时候,发现结构保证对流体验、满意度和感知有用性均有显著影响。[154]McKnight 等发现包含隐私保护和数据完整性的结构保证通过信任间接地影响用户使用网站的意图和实际使用行为。[142]Chen 等认为移动应用的声誉和结构保证显著提升了用户信任。[252]研究也证实了第三方保证(类似于结构保证)对用户信任的影响。[254]Zhou 通过对手机银行初始信任的研究,证实了系统质量和结构保证通过外围线索影响用户的初始信任。[212]因此,本研究假设:

H7c:结构保证显著影响感知有用性。

H8c:结构保证显著影响感知信任。

H9c:结构保证显著影响用户体验。

5.2.4　用户感知

用户感知包括感知有用性、信任和用户体验三方面。

5.2.4.1　感知有用性

感知有用性是指用户认为信息或平台有助于他们提高自身健康素养和改

善自身健康状况的程度。在线健康社区中信息呈现方式应尽可能简单、容易理解,如视频动画类的信息比图文信息或单纯的文字信息更容易理解,可增加用户对信息有用性的感知。通过在线健康社区,用户可以获得有价值的信息,并与其他患者进行互动。总之,感知有用性要求信息内容与目标用户的需求相关,表现方式符合用户的信息接收方式,效用上能够支持用户决策。IAM模型认为感知信息有用性显著影响用户采纳信息。也就是说,当人们相信信息对其决策有帮助时,他们就会更愿意接受和采纳信息。Daihani 探讨学生使用 Twitter(推特)的行为时,发现感知有用性、社会影响和感知乐趣对使用意愿具有显著影响。[255]Jin 等基于传播生态学和人际传播理论研究在线社交媒体上用户传播医疗知识的行为,结果显示感知有用性、兴趣、情绪和机构信任等是预测医疗知识传播的重要因素。[256]Tseng 和 Wang 基于 IAM 模型研究了旅游网站 IAM 意愿,发现信息的感知有用性对信息采纳意愿有正向影响。[257]Hussain 等的研究也证实了感知有用性对信息采纳意愿有显著影响。[258]Chong 等基于技术采纳模型,发现电子口碑的感知有用性与信息采纳呈正相关,且在感知易用性和信息采纳之间起到中介作用。[259]因此,本研究假设:

H10:感知有用性显著影响用户的信息采纳意愿。

5.2.4.2 信任

信任是一个多维概念,包括基于特征的信任、基于过程的信任和基于机构的信任。本研究将其作为一个整体进行考察。在线健康社区中,信任是建立和加强关系以及促进用户采纳信息的重要因素。[260]信任是指用户对社区的人或事的可靠性和可依赖的积极信念。用户在采纳信息之前会对信息提供者产生期望,采纳信息之后会根据自己对信息的有用性评价与之前的期望的对比,产生一种信任感。信任度越高,用户感知有用性和采纳意愿越高。信任降低了用户的感知风险,并在用户和社区之间的交互中发挥了至关重要的作用。

在线健康社区的信息内容的真实性、网络的稳定性和安全性等会影响用户的信息采纳意愿。Oliveira 的研究结果证明，信任在影响消费者购买意愿方面起着重要作用，信任度高的消费者表现出更高的网上购买意愿。[261] Shen 等研究维基百科上学生的信息采纳行为时发现，学生对健康信息的信任显著影响其采纳意愿。[262] 在患患互动社区中，大多用户是未学过专业医学知识的普通人，这将导致社区中健康信息的真实性和准确性风险的增加，信任在此显得尤为重要。Shankar 等指出初始信任显著影响用户对移动银行的采纳意愿，并且用户的参与度调节了初始信任与移动银行采纳意愿之间的关系。[263] Zhou 等认为信任是消费者购买意愿的前因变量。[230] 因此，本研究假设：

H11：感知信任显著影响信息采纳意愿。

5.2.4.3 用户体验

用户体验反映了用户在使用社区以及与其他用户互动过程中所产生的心理状态。用户体验佳的时候，用户会处于专注、愉悦、满意等的积极情感状态。在这种状态下，个体完全沉浸在某项活动中，产生一种自我融入环境的感觉。用户体验将通过两种机制促进用户的信息采纳意愿。首先，研究发现某种类型活动中的"沉浸感"可能会导致个体在参与的过程中忽视活动中存在的风险，而一心一意地参与其中。其次，虽然在参与活动中会出现一些不愉快的小问题，但之前的活动经历若带给用户好的体验，那么该用户有可能继续参与在线健康社区。在在线健康社区中，用户通常在个人资料上公布自己的个人信息，其他用户可以查看自己感兴趣的个人主页。用户在使用在线健康社区的过程中必须考虑到自己的隐私披露问题，这有可能会影响用户体验。在社交互动中，用户通过聊天、发帖、信息共享和访问主页资料等活动，增加了沉浸在社交媒体中的时间。

大量的研究已经证明用户体验显著影响其行为。如 Wang 等发现流体验、朋友的隐私披露对自我披露意图有显著影响。[264]Zhang 等证实了用户体验显著影响顾客分享购物信息的意愿。[265]Zong 和 Zhang 认为在虚拟网络学习环境中产生的流体验可以减少人的孤独感,激发人的学习潜能,使学习者在学习中更加主动。[266]Chang 和 Zhu 的研究发现社会资本和用户体验显著影响用户持续使用社交网络服务。[267]Wang 等认为用户体验对用户的智能手机成瘾行为产生积极影响。[268]Tuncer 基于 SOR 理论,发现可见性通过信任影响顾客的购买意愿,用户体验和信任正向影响顾客的购买意愿。[269]Kim 和 Thapa 以感知价值为理论基础,考察了感知价值(质量、情感、价格和社会价值)、流体验和满意度对旅游目的地忠诚度的影响。[270]Pelet 等的研究表明用户体验对社交媒体的使用频率产生积极影响。[271]Hsu 和 Chen也证实了在线游戏用户体验显著影响交易价值和品牌忠诚度。[272]因此,本研究假设:

H12:用户体验显著影响其信息采纳意愿。

5.3　研究设计

5.3.1　量表设计

本章的研究模型共包括 11 个因子,其中每个因子均含 3～4 个测量指标,这些指标均改编自国内外已有的研究文献,并结合本章的具体研究问题进行了适当的调整和修改,使测量指标更加符合本章的研究,同时提高了量表的内容效度。各个变量的来源及指标设计解释如下。

5.3.1.1　信息因素

论据质量和来源可信度是精细加工可能性模型的两个关键组成因素,其中论据质量通过中心路径对信息采纳者进行影响，而来源可信度则通过外围路径对信息采纳者进行影响。在线健康社区环境下，论据质量是指信息中所包含论点的说服力的强度，即与信息本身质量有关的特征，如信息的丰富性、相关性、准确性等。来源可信度被定义为信息的来源被信息接收者认为是可信的、专业的和值得信赖的程度。论据质量和来源可信度均包含 4 个测量指标，具体指标及其内容如表 5.1 所示。

表 5.1　信息因素的测量指标

变　量	指　标	指标内容	来　源
论据质量 （AQ）	AQ1	在线健康社区的信息非常丰富。	[231]
	AQ2	在线健康社区的信息是有帮助的。	
	AQ3	在线健康社区的信息是有价值的。	
	AQ4	在线健康社区的信息是有说服力的。	
来源可信度 （SC）	SC1	在线健康社区的回答者对该话题具备丰富的知识。	
	SC2	在线健康社区的信息提供者是可信的。	
	SC3	在线健康社区的信息提供者是可靠的。	
	SC4	在线健康社区的信息提供者是该领域的专家。	

5.3.1.2　社会交互

社会交互是个体与个体或群体之间为了满足某种需要而进行的交互活动，通常发生在在线社区平台上。在线健康社区涉及社交媒体的应用，以支持社交互动、沟通和用户生成内容，成员频繁互动能够增强社区的人际吸引力，从而帮助用户获取有价值的健康信息。本研究采用 Shen 等提出的社会交互因素，即感知相似性、感知专业性和感知熟悉性[196]，而感知专业性并没有出现在本研究模型中，是因为论据质量已经包含了此特征。感知相似性是指在线健康社区背景下用户疾病类型、发病特征、治疗方法和感受等方面的共性,感知熟悉性是指在线健康社区用户之间交互的频率和关系的强度。指标及其内容见表 5.2。

表 5.2 社会交互的测量指标

变　量	指　标	指标内容	来　源
感知相似性（PS）	PS1	对于某种疾病的症状,我与该社区的一些成员观点相似。	[247]
	PS2	对于某种疾病的治疗方法,我与该社区的一些成员观点相似。	
	PS3	对于某种疾病的治疗感受,我与该社区的一些成员观点相似。	
感知熟悉性（PF）	PF1	我比较熟悉社区其他成员,就像好朋友一样。	
	PF2	我与社区其他成员进行频繁的互动和交流。	
	PF3	我与社区其他成员保持密切联系。	

5.3.1.3　平台因素

从技术层面的视角来看,在线健康社区作为信息系统,其系统的响应速度、导航功能、服务的质量和安全性等因素也会影响用户对社区平台质量的感知。本研究根据信息系统成功模型将平台因素划分为系统质量、服务质量和结构保证。由于信息质量类似于论据质量,所以在这里将其去掉了。在线健康社区中,系统质量反映了社区网站界面的导航能力、易操作性、响应时间和视觉吸引力等系统性能,服务质量是指用户在使用平台的过程中感知服务的可靠性、及时性和个性化等,结构保证反映了在线健康社区平台存在确保安全的技术和法律结构。具体指标内容及其来源见表 5.3。

表5.3　平台因素的测量指标

变　　量	指　　标	指标内容	来　　源
系统质量 （SYQ）	SYQ1	在线健康社区加载速度快。	[57]
	SYQ2	在线健康社区易于使用。	
	SYQ3	在线健康社区的导航功能好。	
	SYQ4	在线健康社区的界面设计有吸引力。	
服务质量 （SEQ）	SEQ1	在线健康社区提供及时的服务。	
	SEQ2	在线健康社区提供快速的回复。	
	SEQ3	在线健康社区提供专业的服务。	
	SEQ4	在线健康社区提供个性化服务。	
结构保证 （SI）	SI1	在线健康社区制定了有效的规则来确保社区的运行。	[145]
	SI2	在线健康社区的管理员的有效管理能确保社区的运行。	
	SI3	在线健康社区通过实名制和身份认证来确保交流的安全。	

5.3.1.4　用户感知

已有研究证明在不同的刺激条件下，个体不仅会有认知反应还有情感反应。[273]认知反应由知识驱动，取决于用户的能力和所掌握的健康知识；情感反应是由互动双方之间的情感联系而产生的一种心理反应。因此，本研究将从感知有用性、用户体验和感知信任这三个方面来反映用户的感知。感知有用性反映了个体的认知反应，是指用户认为信息或平台有助于他们提高自身健康素养和改善自身健康状况的程度。情感反应通过感知信任和用户体验来衡量，其中感知信任是指在线健康社区可能存在风险的情况下，用户认为社区可信和可靠的程度。用户体验是一种心理状态，反映了用户在社区的使用以及与其他用户互动过程中所产生的一种专注、愉悦和满意等全方位的积极情感状态。各变量的指标内容及其来源见表5.4。

表5.4 用户感知的测量指标

变 量	指 标	指 标 内 容	来 源
感知有用性 （PU）	PU1	在线健康社区提高了我的健康素养。	[211]
	PU2	在线健康社区有助于我快速获取医疗健康信息。	
	PU3	在线健康社区提高了防病治病的效率。	
	PU4	在线健康社区对我的生活是有用的。	
感知信任 （PT）	PT1	在线健康社区值得信赖。	
	PT2	在线健康社区信守其对隐私保护的承诺。	
	PT3	在线健康社区关注用户的健康福祉。	
用户体验 （UE）	UE1	在使用在线健康社区时，我的注意力集中在活动上。	[57]
	UE2	在使用在线健康社区时，我的体验不错。	
	UE3	在使用在线健康社区时，我感到操作是可以控制的。	

5.3.1.5 用户行为

用户对在线健康社区信息的采纳意愿直接影响其采纳行为,理性行为理论认为人是"理性"的,个体的实际行为在某种程度上可由其行为意愿决定,而个体的行为意愿又受到主观规范和态度的影响。[274]因此,在线健康社区中,个体的采纳行为可由其采纳意愿进行推断。具体测量指标内容及其来源见表5.5。

表5.5 用户行为的测量指标

变 量	指 标	指 标 内 容	来 源
采纳意愿 （AI）	AI1	我愿意根据了解到的健康信息来改变我不健康的生活习惯。	[213]
	AI2	我有意愿使用在线健康社区进行疾病咨询和医疗保健服务。	
	AI3	我愿意持续关注在线健康社区中的信息。	

5.3.2　数据采集

本研究的问卷共包含三个部分,一是调查对象的人口统计学特征,涉及性别、年龄、文化程度等;二是关于在线健康社区的使用情况的调查,包括使用动机、疾病关注类型、使用在线健康社区的类型等;三是问卷的主体部分,即对模型假设进行验证的量表题目。除第一部分和第二部分采用了一般性的选项,量表题目的所有选项均使用李克特五级量表。其次,调查对象的选择上,被调查对象需要满足以下两个条件:一是曾经使用过在线健康社区,或者目前正在使用或经常使用在线健康社区;二是浏览过在线健康社区的信息,有意愿采纳此社区的健康信息为其所用,或者曾经使用过社区中的信息来解决生活中遇到的健康问题。问卷设计完成后,先邀请了30名用户填写问卷并提出意见,然后根据预调研的数据分析结果和收集到的建议对问卷存在的问题进行修改和完善,以确保问卷题目与研究目标相匹配,语言尽可能通俗易懂,尽量避免使用行业术语或技术术语。

数据收集历时一个月,采用线下和线上两种方式同时进行。共发放问卷620份,回收604份,其中有效问卷576份,回收的问卷主要来自浙江,其余地区有河南、广东、山东和北京等。线上调查是通过腾讯问卷平台设计问卷,并通过在在线健康社区发帖的方式邀请社区成员参与问卷填写,同时使用腾讯QQ、微信等社交媒体平台进行转发和邀请亲朋好友填写调查问卷,并采用"滚雪球"的方式进行数据的收集。线下数据收集采用发放纸质版问卷的方式,主要发放地点是学校及其周边。问卷回收完毕后,将填写不完整、不规范、未使用过在线健康社区等无效问卷剔除,得到有效问卷576份。

5.3.3　人口统计学分析

人口统计学分析主要表现人口、年龄、学历、职业、使用动机、用户需求、平台类型 7 个方面的情况。

在性别方面,样本中男性有 295 人,占总样本量的 51.2%;女性有 281 人,占总样本量的 48.8%。这一数据结果与中国互联网络信息中心报告中的网民结构相似,说明本研究所涵盖的男女样本比例接近全国真实网民男女比例,数据真实有效,具有较好的代表性,同时避免了性别差异对数据分析结果的影响。

在年龄方面,20~29 岁的样本占比最高,达 81.1%;其次是 30~39 岁的样本,占比为 11.1%,这一数值并不算太高,可能与所投放的在线健康社区平台用户主要以熟悉网络的年轻人为主有关。但这两者的总占比之和高达 92.2%,显示 20~39 岁的青年人是在线健康社区平台用户的主要群体。

在学历方面,72.9% 的在线健康社区用户具有大学本科及以上学历,表明被调查对象的整体学历水平较高。具有较高学历的群体往往具有较高的学习能力和适应新技术的能力,也有更多的机会接触新兴医疗健康服务平台,并更愿意使用互联网医疗进行医疗咨询、预约挂号和自我健康管理。前瞻经济学人发布的《2020 年中国互联网发展报告》也显示,2020 年互联网医疗 APP 的近八成用户具备本科及以上学历。

在职业方面,被调查对象的职业主要集中在学生和企业/公司一般人员,分别占 50.9% 和 29.9%。这与当前很多年轻人的学习工作压力和生活方式有关。越来越大的工作压力和不合理的生活方式,是造成年轻人亚健康问题的两大主要原因。而休息时间的缺乏和网络医疗服务的快速便捷性,让更多的年轻人把目光聚焦到了在线健康社区。因此,大多数的调查对象是学生和企事业单位人员是合理的。

在线健康社区用户使用动机包括指导生活习惯的改善(24.3%)、及时了解自己或家人的健康状态(22.8%)、降低可能的疾病带来的风险(21.4%),也有部分用户使用在线健康社区是希望尝试先进的新技术新产品,但用户最关心的还是社区能提供更好的在线医疗服务。因此,在线健康社区如何依靠创新科技设计来吸引用户和增加用户黏性,提高用户的信息采纳度,对于促进在线健康社区的发展具有重要意义。

用户的主要需求在于运动健康(19.1%)和饮食搭配(18.2%),其次是偶发小病(16.9%),如感冒、咳嗽、流鼻涕等,慢性病管理需要(12.6%),睡眠监测需要(12.1%)。从对疾病的关注度也可以看出,用户对精神压力、失眠、高血压和消化类疾病等慢性迁延性疾病的关注度更高,原因是线上问诊线下买药这种在线医疗模式更适合一些小病和慢性病的治疗。目前在线健康社区提供的医疗服务还无法替代线下医院内的治疗流程,一些需要用到医疗器械的诊疗无法在线上完成,限制了在线问诊的种类。因此,小病和慢病更符合在线健康社区的医疗场景与用户需求,而在线健康社区如何吸引、激励大量的用户,使其从线下咨询转移到线上,转变医疗消费习惯并积极地参与社区互动是社区运营者需要解决的问题。

在使用平台类型上,健康数据记录类的在线健康社区受到的关注最多,占比为23.6%,这可能与所调查的对象有关。被调查对象大部分都是年轻人,年轻人往往活跃在各种社交媒体上,使用在线健康社区去获取有关健康资讯。其次是自诊问诊类,如春雨医生、丁香园和慢友帮等,占比为20.9%。除这两种类型外,健康指导类(19.4%)和医联平台类(10.4%)也受到用户的青睐。

5.4　研究结果

5.4.1　测量模型分析

本小节通过验证性因子分析来检验测量模型的信度和效度。当模型的潜变量和测量指标之间具有较高的内部一致性时,认为模型具有较好的信度。

通过使用 SPSS 23.0 和 LISREL 8.7 计算的结果见表5.6。

表5.6 CFA 结果

因 子	指 标	标准负载	AVE	CR	Alpha
AQ	AQ1	0.965	0.803	0.942	0.943
	AQ2	0.979			
	AQ3	0.831			
	AQ4	0.795			
SC	SC1	0.825	0.718	0.911	0.910
	SC2	0.870			
	SC3	0.877			
	SC4	0.816			
PS	PS1	0.864	0.751	0.900	0.900
	PS2	0.883			
	PS3	0.852			
PF	PF1	0.841	0.716	0.883	0.882
	PF2	0.879			
	PF3	0.817			
SYQ	SYQ1	0.788	0.630	0.872	0.871
	SYQ2	0.831			
	SYQ3	0.800			
	SYQ4	0.752			
SEQ	SEQ1	0.757	0.601	0.857	0.856
	SEQ2	0.801			
	SEQ3	0.819			
	SEQ4	0.719			
SI	SI1	0.814	0.668	0.858	0.858
	SI2	0.811			
	SI3	0.827			

续表

因子	指标	标准负载	AVE	CR	Alpha
PU	PU1	0.735	0.648	0.880	0.880
	PU2	0.797			
	PU3	0.842			
	PU4	0.840			
PT	PT1	0.860	0.750	0.900	0.900
	PT2	0.833			
	PT3	0.903			
UE	UE1	0.838	0.719	0.884	0.883
	UE2	0.884			
	UE3	0.819			
AI	AI1	0.820	0.641	0.843	0.844
	AI2	0.832			
	AI3	0.748			

由表 5.6 可知,所有因子的测量指标的标准负载均大于 0.7,复合信度 CR 的值均大于 0.8,Alpha 信度系数也都在 0.7 以上,AVE 的值均超过了 0.5,表明测量模型具有良好的信度和收敛效度。表 5.7 显示了因子间的相关系数和各 AVE 值平方根,平方根显示在表中的对角线上。各因子的 AVE 值的平方根均大于因子之间的相关系数,说明模型具有较好的区分效度。

表 5.7　各因子间的相关系数及 AVE 值的平方根

	AQ	SC	PS	PF	SYQ	SEQ	SI	PU	PT	UE	AI
AQ	**0.896**										
SC	0.355	**0.847**									
PS	0.497	0.107	**0.867**								
PF	0.420	0.663	0.210	**0.846**							

续表

	AQ	SC	PS	PF	SYQ	SEQ	SI	PU	PT	UE	AI
SYQ	0.383	0.369	0.318	0.426	**0.794**						
SEQ	0.412	0.365	0.253	0.438	0.755	**0.775**					
SI	0.366	0.383	0.298	0.419	0.718	0.768	**0.817**				
PU	0.573	0.429	0.451	0.496	0.553	0.547	0.507	**0.805**			
PT	0.651	0.442	0.569	0.503	0.517	0.542	0.541	0.566	**0.866**		
UE	0.395	0.322	0.319	0.399	0.536	0.523	0.482	0.428	0.442	**0.848**	
AI	0.618	0.450	0.512	0.525	0.592	0.596	0.568	0.768	0.773	0.634	**0.801**

5.4.2　模型假设检验

本研究通过使用结构方程模型分析软件 LISREL 8.7 对研究模型中的路径系数和各拟合指数进行计算,验证所提出理论假设的合理性。表 5.8 列出了模型相关的拟合指数值,结果表明各拟合指数均符合推荐值标准,显示本研究模型具有较好的拟合度。具体模型假设的验证结果见表 5.9。

表 5.8　模型拟合指数推荐值和实际值

	χ^2/df	GFI	AGFI	NFI	CFI	RMR	RMSEA
推荐值	<3	>0.9	>0.8	>0.9	>0.9	<0.05	<0.08
实际值	1.809	0.909	0.890	0.982	0.992	0.029	0.037

表 5.9　假设检验结果

假　设	变量关系	路径系数	显著性	结　论
H1a	论据质量→感知有用性	0.25	***	支持
H2a	论据质量→感知信任	0.30	***	支持
H3a	论据质量→用户体验	0.10	*	支持

续表

假　设	变量关系	路径系数	显著性	结　论
H1b	来源可信度→感知有用性	0.10	*	支持
H2b	来源可信度→感知信任	0.13	**	支持
H3b	来源可信度→用户体验	0.03	不显著	不支持
H4a	感知相似性→感知有用性	0.19	***	支持
H5a	感知相似性→感知信任	0.31	***	支持
H6a	感知相似性→用户体验	0.11	*	支持
H4b	感知熟悉性→感知有用性	0.13	*	支持
H5b	感知熟悉性→感知信任	0.11	*	支持
H6b	感知熟悉性→用户体验	0.12	*	支持
H7a	系统质量→感知有用性	0.17	*	支持
H8a	系统质量→感知信任	0.02	不显著	不支持
H9a	系统质量→用户体验	0.33	**	支持
H7b	服务质量→感知有用性	0.15	*	支持
H8b	服务质量→感知信任	0.13	*	支持
H9b	服务质量→用户体验	0.18	*	支持
H7c	结构保证→感知有用性	0.02	不显著	不支持
H8c	结构保证→感知信任	0.13	*	支持
H9c	结构保证→用户体验	0.05	不显著	不支持
H10	感知有用性→采纳意愿	0.41	***	支持
H11	感知信任→采纳意愿	0.42	***	支持
H12	用户体验→采纳意愿	0.27	***	支持

注：* 表示 $p < 0.05$；** 表示 $p < 0.01$；*** 表示 $p < 0.001$。

　　由表 5.9 可知，除了假设 H3b、H8a、H7c 和 H9c 未得到支持，其余假设都得到了支持。其中感知有用性的 R^2 是 0.53，感知信任的 R^2 是 0.63，用户体验的 R^2 是 0.37。在线健康社区用户信息采纳意愿的 R^2 是 0.82，表明研究模型具有良好的解释效果。

5.5 结果讨论与启示

5.5.1 研究结果讨论

本章以 SOR 模型为理论基础,并结合信息采纳模型、信息系统成功模型和社会交互理论等,构建了在线健康社区用户信息采纳意愿模型。将信息因素(论据质量、来源可信度)、社会交互(感知相似性、感知熟悉性)和平台因素(系统质量、服务质量、结构保证)作为用户信息采纳的刺激因素(S),将用户感知(感知有用性、感知信任、用户体验)作为有机体的心理状态(O),将用户的信息采纳意愿作为用户的行为反应(R)。通过使用统计分析工具 SPSS 23.0 和结构方程模型分析软件 LISREL 8.7 对收集的 576 份有效数据进行分析,结果显示,除了假设 H3b、H8a、H7c 和 H9c 外,其余假设全部得到了支持。

其一,信息因素方面,论据质量和来源可信度均显著影响感知有用性和信任,这与已有文献[238]结果是一致的。此外,论据质量对感知有用性和信任的作用明显高于来源可信度,这表明论据质量是影响感知有用性和信任的关键因素之一。用户对信息有用性的感知和信任更多依赖于个体对信息质量的评估,平台所提供的信息越可靠、准确和易理解,越能说服用户采纳信息。用户在特定在线健康社区寻求信息时,非常关注信息有用性和价值。来源可信度对于感知有用性来说是一个重要的外围线索,普通患者在疾病知识的理解能力方面有很大差异,当用户感知到信息提供者的可靠性和专业性时,其对该信息的有用性和信任度就会越高,采纳意愿就越强,采纳行为发生的可能性也就越高。信息发布用户在社区的声誉、收藏数和有用值等标识也可以为其他用户决策提供参考,进而提高其信息采纳意愿。

研究发现论据质量对用户体验有显著影响,但来源可信度对用户的体验没有显著作用。可能原因是社区提供了丰富且有价值的信息，论据质量削弱了来源可信度对用户体验的影响，即使有时候信息的来源不是那么专业，但如果大多数人的反馈是积极的和正面的，也会改善用户体验。此外，对于有一定健康知识基础的用户而言，在信息采纳的过程中更希望自主决策，而不想受其他因素的干扰。他们愿意花费更多的精力和时间判断信息的价值和可信度，而不仅仅是依赖外围因素如声誉来决策。

其二，社交因素方面，感知相似性和感知熟悉性均对感知有用性、感知信任和用户体验有不同程度的显著影响。对比发现，感知相似性对感知有用性和感知信任的影响较大，路径系数分别为 0.19 和 0.31。而在对用户体验的影响方面，两者相差不大。用户在采纳信息时更多地考虑与自己所患疾病相似的用户所发布的信息。从情况相似的用户那里获取健康信息，不仅减少了搜寻所花费的时间，还能得到更具有针对性的建议，避免在治疗过程中出现类似的问题。感知相似性增加了用户的信任感，同时在一定程度上也增强了个体对信息有用性的评估。

对于经常活跃在在线健康社区的用户而言，更容易相信熟悉的人发布的信息是有价值的和可信的，即使可能对自己没有帮助。熟悉的人之间会产生更多的信息支持、情感交流，促使用户保持更加紧密的社会关系，有助于信息的分享。信息采纳是一个动态的过程，随着患者在社区中参与次数的增多，对它的熟悉度就会增加，感知信息不对称逐渐减少，信任度不断提高，其感知有用性的程度就会提高。因此，感知熟悉性对感知有用性具有显著影响。在线健康社区中，成员即使熟悉，也仅限于网上交流，用户可能会担心来自"水军"的干扰信息，他们更想从信任的用户那里获得健康信息。虽然感知熟悉性和感知相似性都对感知有用性产生积极作用，但感知相似性的影响要明显大于感知熟悉性。可能原因是，熟悉性的社交互动更具感性，互动加深了双方之间的联系，增加了彼此之间的信任，而相似性更显理性，侧重信息对用户本身有用性的程度。

其三,平台因素方面,服务质量对感知有用性、感知信任和用户体验均具有不同程度的正向影响作用;系统质量只对感知有用性和用户体验有显著影响,对感知信任没有影响;结构保证只对感知信任有显著影响,而对感知有用性和用户体验没有影响。其可能的原因是系统质量主要反映的是在线健康社区的系统界面设计的相关特征,如交互加载速度、是否易于操作、导航是否清晰、界面的视觉设计是否具有吸引力等。如果用户在使用的过程中感觉不易操作或者操作烦琐、界面设计冗杂,不能快速地在社区中查找到自己想要的信息,用户将较难发现信息效用和获取较好体验。而用户的感知信任主要依赖于社区是否能够满足其健康信息需求,所以反映人机交互的系统质量并不会影响用户的信任。还有一个原因可能是用户的感知信任主要受到服务质量和结构保证的影响,它们在一定程度上削弱了系统质量对感知信任的影响。

在线健康社区为用户提供各种专业化和个性化的服务,包括多样的互动方式、图像和表情包等,这不仅有利于改善用户的体验,还让用户感受到社区运营者关注用户利益,这将增加用户的感知有用性和感知信任。如慢友帮和甜蜜家园都是病患交流的在线健康社区,一个逐渐淡出人们的视野,一个依然持续发展,主要原因在于慢友帮提供的服务模式单一,用户只能在社区中发帖求助、评论和回复,而甜蜜家园除此之外还推出了疾病咨询、心情墙、热搜推荐和今日之星等个性化的服务,用户更加相信社区的能力、真诚和善意,建立了对社区的信任。

结构保证只对感知信任产生积极影响,而对感知有用性和用户体验没有影响。可能的原因是用户在使用社区的过程中主要关注信息是否真的对自己有帮助,是否能快速地在社区中找到所需健康信息,是否能提高自己的健康素养等。结构保证主要反映在线健康社区能够提供有效且规范的管理机制、信息安全技术和法律保障等,以防范隐私信息泄露等风险,影响更多的是用户的信任。因此结构保证对感知有用性和用户体验没有影响。

其四,感知有用性、感知信任和用户体验均显著影响用户的信息采纳意愿,且感知有用性和感知信任的影响程度差别不大,路径系数分别是 0.41 和 0.42,而用户体验对信息采纳意愿的路径系数是 0.27。这表明感知有用性和感知信任是个体行为决策的主要影响因素。个体之所以在社区中花费大量的时间和精力,其主要目的是收集有用的信息来帮助决策,而信任在某种程度上强化了个体对感知有用性的认知。用户在特定的健康社区寻求信息,首先是考察这个社区的声誉和口碑,如果大部分用户对它的评价都是正面的和值得信赖的,那么它在用户心中信任度就会增加。此外,用户认为健康信息有助于解决自身健康问题或解答健康疑惑,从而感知到信息价值和效用,促进其采纳行为。用户体验贯穿用户信息采纳的整个过程,即从使用该社区开始到决定是否采纳信息,用户往往需要集中注意力,进入一种专注的状态,对论据质量、系统质量和服务质量等进行全过程的体验。较差的体验将降低用户的评价和采纳意愿。

5.5.2 启示

基于 SOR 模型,整合信息采纳模型、社会交互理论、信息系统成功模型等,本研究建立了在线健康社区用户信息采纳意愿模型。研究发现,信息因素、社交因素、平台因素影响感知有用性、感知信任和用户体验,进而决定用户的信息采纳意愿。

研究结果对在线健康社区的运营者具有以下启示:

其一,加强信息质量评测体系建设,构建有效的监督机制。

虽然大多数在线健康社区提供了"转发""点赞""评价""打分"等方式用来评价信息的有用性,但缺乏对信息可信度的监测机制,信息质量的整体评价体系还有待进一步的完善。社区管理者可通过细化求助类型和发布信息的维度,例如加入疾病类型、信息时效性和信息来源等完善评测维度,并开通用户反馈和举报通道,进一步提高信息质量,增加患者打赏功能、社区奖励或授予头衔等,激励用户持续参与社区互动,贡献优质信息,以此产生关键意见领袖(key opinion leader,KOL)。

社区平台还可以通过开发个性推荐算法,从海量的医疗信息中,以用户的地理位置为基础,以用户不断变换的需求为导向,实时为用户推荐精准而又高质量的健康信息,以此来提高用户的信息采纳意愿。

此外,平台应不断加强信息内容审核能力和内容管理机制,避免虚假信息和广告的泛滥,信息审核通过后方可发布。还可通过引入第三方信息质量评估机制,邀请相关专业人员参与社区讨论和质量控制环节,以保证健康信息的可靠性、专业性和权威性,增强用户的感知信任和感知有用性,提高用户的信息采纳意愿。

其二,构建多层次社会交互体系,满足用户的情境需求。

在线健康社区应关注患者需求,提升反馈服务,解决患者在搜索信息过程中的痛点。如慢友帮社区虽然为病友提供了分享疾病预防知识、治疗经验等交流服务,但互动方式单一,功能只有收藏、浏览和回复,无法满足患者多层次的社交需要。

首先,社区可以通过构建多层次交互体系,包括圆桌讨论、经验帖、即时聊天、邀请好友、添加好友等功能,满足用户全方位的社交需求。其次,社区可以通过开设健康公开课、今日热门和论坛讨论等多种形式的健康知识教育,提高用户的健康素养水平和预防疾病的能力。再次,社区可开发新的推荐算法,方便用户寻找与自己患有相似或相同病症的好友。此外,社区还可通过开展线上健康教育和专业指导等活动促进用户之间的交互,增加成员间的熟悉度。

社区可开发娱乐支持互动模块。在线健康社区的娱乐支持互动包括节日祝福、随心聊、游戏、竞赛等。游戏功能不仅能为用户带来快乐,还可以释放因健康问题所带来的压力,而通过竞赛则可以获得成就感。娱乐性的互动活动能够吸引更多的用户加入社区,从而形成有效的互动,让用户以更加轻松愉悦的心情参与到社区活动中。

其三,重视服务质量和结构保障,提升在线健康社区的系统质量。

对于在线健康社区而言,有效地促进用户之间的信息交流、吸引优质用户、提供优质医疗信息是社区生存与发展的主要任务。平台运营商可以通过细化疾病类型、增加"同质性"、改进信息排序机制、优化信息展示等方法,来提高用户检索和浏览信息的效率。目前的在线健康社区已经对疾病进行了分类,如心血管、内分泌、肿瘤、妇产等,但标签之间没有层级关系,不能很好地对搜寻问题进行归类,而大部分用户又不能清楚地将自己所查疾病准确分类。因此,通过整合和逐层分级的细化分类方法,可以更好地对同类问题和信息进行聚类,丰富用户检索问题的方式,促使更多的用户使用。

除此之外,还可以在现有疾病分类的基础之上,加入地域划分、职业划分、性别划分,还有多种用户属性的交叉划分,扩大用户覆盖面。用户遇到的与自己"相似"的人越多,社区活跃度越高,越容易在情感上产生共鸣,用户的黏性就越强,个体健康信息的采纳意愿就越高。此外,医疗健康信息更为敏感,用户使用在线健康社区的同时也担忧个人信息泄露问题。国家应出台相应的网络安全政策法规,强化和落实相关设施运营方的主体责任,加大对隐私侵犯的打击力度。平台管理者应努力提升信息质量,引入专业医学人士入驻,减少虚假信息的产生和传播。用户个人要提升自身健康信息素养,提高辨别虚假医疗健康信息的能力。

其四,加强社区信任体系建设,增强健康信息的可用性和可得性。

信任是在线健康社区发展的基石。平台更多关注用户行为习惯,使个体更方便地快速查找信息,增强个体对平台的信任,提升平台知名度,以此来吸引更多的用户使用在线健康社区。用户信任度的增加可以降低因平台个性化推荐信息带来的隐私风险,同时也带动用户周围的人采纳在线健康社区提供的医疗信息服务。社区管理者需要通过身份认证、隐私保护等来建立可信的社区氛围,提供多样化交流方式,便于其进行情感表达,对情感诉求及时给予回应,如开通心情墙版块。社区通过组织更多线上交流活动,促进用户互动和沟通交流,营造互帮互助的社区氛围,使用户在社区中找到归属感,从而增强用户与用户之间、用户与社区之间的信任。社区构建个性化推荐信任机制,使用户可以根据交互的信任度评级,过滤掉劣质健康信息和评价。

在加强用户信任建设的同时,也应该重视平台的信息架构和导航设计,如在用户注册环节设计疾病模块,考虑不同用户群体特征,实现个性化推荐和精准服务,多方面提升用户的感知有用性和服务效用。完善社区创新增值服务功能,挖掘用户深层次需求。社区对平台数据进行挖掘关联分析,从中发现价值,创造新服务,提升用户体验。社区需及时更新信息,将搜寻结果按照相关性、时间等排序,供用户快速地获取有用的、最新的健康信息。此外,在线健康社区需关注广告的合理性,如果运营者发布过多健康相关的广告,就会引起患者的不满,社区的初衷会被质疑,用户会产生厌烦情绪,不利于社区的发展。社区需将提升用户体验作为增加用户黏性和忠诚度的重要手段,密切关注和重视用户在信息采纳过程中的体验,着力创造一个舒适、愉悦的社区环境。

6 在线教育社区用户付费行为研究

随着互联网的快速发展以及智能终端设备的大规模普及，在线教育逐渐成为一种教育新方式和新业态。在线教育突破了传统线下教育的时空限制，具有便捷高效、互动性较好等优势。尤其是 2020 年的疫情"黑天鹅"事件推动在线教育迎来了新一波增长。据艾瑞咨询统计核算，2020 年中国在线教育行业市场规模达 2573 亿元，增速为 35.5%，融资额也创新高，达 1034 亿元，显示了庞大的在线教育市场潜力。

在线教育知识付费，是指用户在线上教育平台购买知识付费类产品，如网课视频、音频、电子资料等。常见的在线教育社区包括慕课、学而思网校、腾讯课堂、高途课堂、猿辅导、清北网校等等。与传统教育相比，在线教育具有学习地点无限制、学习时间碎片化、学习内容针对性强、可重复观看等优点。与此同时，在线教育也存在着许多问题。比如，在线教育市场竞争激烈，产品和服务同质化，用户针对性低；在线教育社区对开课机构、开设课程、开课老师缺乏审查，导致网课质量良莠不齐；用户购买行为没有保障，退换课服务不够完善；等等。这些问题都会影响用户知识付费的意愿。因此，研究在线教育社区用户知识付费行为，发现影响在线教育社区用户知识付费的因素，对于在线教育社区的持续快速发展至关重要。

已有研究考察了在线教育用户的采纳意愿、付费意愿和持续意向，较少考察实际付费行为。虽然付费意愿是影响付费行为的重要因素,但付费行为可能还受到其他因素如购买能力的影响,因此支付意愿并不能完全反映付费行为。大多数研究均采用调查问卷的方式获取数据,但该方法会受到样本随机性、调查者主观性等影响,从而使得研究结果较为局限。因此,本章将基于感知价值理论,通过网络爬虫采集腾讯课堂数据进行定量分析,来探究影响在线教育社区用户知识付费行为的因素。研究结果将有助于在线教育社区深入了解用户付费动机,从而采取措施促进用户付费行为,实现平台持续快速发展。

6.1 理论基础

Zeithaml 认为感知价值反映了消费者对收益和成本比较后做出的评价。[122]顾客的个体差异性会导致对产品和服务有不同感知,顾客会对各自感知到的收益和成本进行权衡。Dodds 等认为感知价值是权衡感知质量和感知价格导致的。[275]因此,感知价值是感知利得与感知利失之差,感知利得和感知利失均受个体主观认知影响,用户可以通过比较感知到的收益与成本评价产品或服务是否值得购买。

研究显示感知价值正向影响用户行为。Kim 等的研究显示感知价值是用户采纳移动互联网的主要决定因素。[276]Zhang 等发现感知价值显著正向影响消费者的网购意愿。[277]有实证研究表明感知价值对用户采纳付费在线学习有显著正向影响。[278]周涛等基于 IS 成功模型证实在用户知识付费决策中,感知价值是重要的影响因素。[279]有研究者结合消费者行为理论与感知价值理论,发现感知价值对用户在线学习课程付费意愿有显著正向影响。[280]基于这些文献,本研究将基于感知价值理论,综合考察感知利得和感知利失对在线教育用户付费行为的影响。

6.2 研究模型与假设

6.2.1 感知利得

Zeithaml认为感知利得是用户采用产品或服务获得的总收益。[122]Kim等从实用主义角度引入感知有用性,从享乐主义角度引入感知愉悦组成了感知利得。[276]本研究剔除了感知娱乐性,原因是用户决定为在线教育付费的主要目的是改善学习效果、获取知识以及提升自我能力,而不是娱乐;同时引入了社会认同作为感知利得的构成因素,原因是用户在采纳某一产品或服务时会受到其他用户的影响。

6.2.1.1 感知有用性

感知有用性指用户采用新技术后认为该技术对自己是有帮助的。在本研究中指在线教育的产品或服务对用户有所帮助,比如提高学习成绩、改进学习方法、提升学习效率等。在付费前,用户会根据平台产品的好评率或评论来判断该产品对自己是否有所帮助。如果用户感知该产品对提高自己的学习成绩或能力有所帮助,就会产生付费行为。因此,感知有用性将会影响用户的付费行为。因此,本研究假设:

H1:感知有用性对用户付费行为有显著正影响。

6.2.1.2 社会认同

社会认同是指周围环境对个体的认知以及行为的影响。付费在线学习是一种新兴的学习方式,也是一种网络消费行为,存在信息不对称与风险,因此用户在选择在线教育产品时会充分参考他人的意见,如查看在线教育课程开课机构的好评度、开设课程数量、学生总数等,以此来确定产品的可靠性。因此,对于较权威机构提供的在线教育产品,用户对产品的信任度会更高,会更倾向于产生付费行为。已有研究发现了社会认同与行为意愿之间的显著关系。Zhang 和 Mao 发现社会认同影响年轻消费者对手机短信广告的采纳意愿。[281]Lin 等认为当用户缺乏个人经验时,来自他们可靠朋友的评论可以传达有关产品和卖家服务的相关信息。[282]因此,本研究假设:

H2:社会认同对用户付费行为有显著正影响。

6.2.2　感知利失

感知利失是指用户在享受在线教育所带来的收益的同时,也需付出相应的成本。感知利失包括经济成本和非经济成本(用户需要承担关于技术、服务等方面的风险)[276],因此本研究引入经济风险和功能风险作为感知利失的构成因素。

6.2.2.1　经济风险

经济风险主要是指用户采用在线教育产品所产生的经济损失。用户很难感知产品是否具备相应的价值,同时高价的在线教育产品往往比低价产品具有更大的风险,用户会担心经济成本大于其获得的收益,从而不愿购买该产品。研究发现感知经济成本对移动电子商务的采纳[283]、移动增值服务使用[284]有显著负作用。因此,本研究假设:

H3:经济风险对用户付费行为有显著负影响。

6.2.2.2　功能风险

功能风险来源于感知风险理论,感知风险是影响网络用户购买行为的重要因素。Laforet 认为感知风险由社会、财务、功能、心理、身体和时间六个方面的风险构成。[285]因为在线教育不会对用户的身心造成伤害,所以不考虑身体、心理风险,用户不会因购买失误遭人嘲笑而产生社会风险,也不存在因退换货而产生的时间风险,财务风险已在前文中的经济风险中体现,因此本研究保留功能风险,主要指在线教育社区缺乏试听、试看、支付保障、退课等相关功能和服务保障。

用户在线上教育平台购买产品时,试听、试看功能可以帮助用户有效选择适合自己的老师与课程;支付保障功能可以提升用户支付信任度;课程回放功能可以帮助用户巩固学习。如果在线教育社区的相关功能无法得到保障,用户将对此缺乏信任,从而不愿意购买相关产品或服务。因此,本研究假设:

H4:功能风险对用户付费行为有显著负影响。

研究模型如图 6.1 所示。

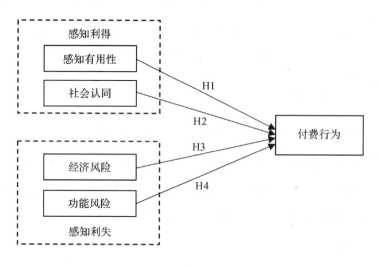

图 6.1　研究模型

6.3　数据收集

本研究数据采集自腾讯课堂。腾讯课堂作为当前最大的在线教育社区之一,为众多用户使用。其在架课程有近 30 万门,入驻教育机构达 11 万个,在疫情防控期间,全年周度上课人数峰值甚至突破 2300 万。平台的课程共划分为七大一级类目,包括 IT 互联网、设计创作、电商营销、职业考证、升学考研等。因此腾讯课堂是一个有代表性的在线教育社区。

本研究利用爬虫软件抓取了腾讯课堂 3377 条相关数据。数据信息包括课程好评率、开课机构好评率、机构开课总数、机构学生总数、课程价格、课程是否可试听、是否可回看以及课程的销量。为保证数据有效性,删除价格为 1 元的课程(类似于免费课程)215 门,最终确定样本容量为 3162 门课程。将购买 IT 互联网、设计创作、电商营销、职业技能课程的用户分为非学生类;将购买初高中课程等升学类课程的用户分为学生类。分类的原因是:第一,用户自身经济能力不同。学生类用户更多是由家长进行付费,而非学生类用户大多已实现经济独立。第二,用户自身追求不同。学生类用户更多是由家长代为选择课程类型,目的是提升学习成绩进入更好的高中或大学,而非学生类用户更多是为了自我能力的提升。由此,共获得学生类数据 1019 条,非学生类数据 2143 条。非学生类数据较多是因为腾讯课堂的主流付费课程为 IT 互联网和设计创作类。

本研究在选取变量测量指标的时候,一方面强调指标要能反映该变量的内涵,另外一方面也考虑数据的可得性。"付费行为"通过购买人数来测量,反映了单门课程的付费购买人数;"感知有用性"通过课程好评率来测量,用户的好评在某种程度上反映了课程的效用和价值;"社会认同"通过机构好评率、机构开课总数、机构累计学生数来测量,这些指标反映了用户对开课机构的评价和认同;"经济风险"通过课程价格来测量,用户付费价格越高,带来的经济风险越高;"功能风险"通过试听、回看来测量,这些功能能够丰富用户体验,缓解其感知风险。变量及测量指标见表 6.1。

表 6.1　变量定义

变量名称	测量指标	指标含义
付费行为	购买人数	课程的销量
感知有用性	课程好评率	已购买课程用户对该课程的好评程度
社会认同	机构好评率	开课机构学生对该机构的好评程度
	机构开课总数	开课机构在平台开课总数量
	机构累计学生数	开课机构拥有的学生总数
经济风险	课程价格	购买课程所需付费金额
功能风险	无试听	购买课程之前不能试听,无试听取 1,有试听取 0
	无回看	购买课程之后不能回看,无回看取 1,有回看取 0

变量的描述性统计分析见表 6.2。

表 6.2　描述性统计分析结果

测量指标	学生类		非学生类	
	均　值	标准差	均　值	标准差
购买人数	572.503	2154.211	2330.922	13921.890
课程好评率	0.719	0.260	0.743	0.312
机构好评率	0.763	0.199	0.864	1.981
机构开课总数	62.165	68.786	69.986	86.067
机构累计学生数	172201.9	297132.3	307531.2	525034.8
课程价格	960.586	2223.44	1824.514	2484.729
无试听	0.538	0.567	0.562	0.529
无回看	0.530	0.499	0.515	0.499

6.4　数据分析与结果

本研究采用负二项回归模型对用户付费行为进行分析。首先,被解释变量课程购买人数属于计数数据;其次,由表 6.2 可知,不管是学生类还是非学生类,购买人数的方差远大于均值,存在过度离散的现象。因此,采用负二项回归模型比较合适。

为了减弱模型出现异方差、非正态性以及避免量纲不同所带来的影响,在模型中对机构开课总数、机构累计学生数、课程价格取自然对数。表 6.3 为负二项回归结果。对于学生类用户,除 H3 外,其他假设均被证实;对于非学生类用户,所有假设均通过显著性检验。表 6.4 列出了泊松回归结果,与负二项回归结果基本一致,显示研究结果较为稳健。

表 6.3　负二项回归结果

变　量	测量指标	学生类用户		非学生类用户	
		回归系数	p 值	回归系数	p 值
感知有用性	课程好评率	2.104	0.000	1.938	0.000
社会认同	机构好评率	1.062	0.000	0.895	0.000
	机构开课总数	0.255	0.000	0.135	0.000
	机构累计学生数	0.252	0.000	0.396	0.000
经济风险	课程价格	−0.036	0.151	−0.234	0.000
功能风险	无试听	−0.129	0.042	−0.394	0.000
	无回看	−0.194	0.007	−0.892	0.000

表 6.4　泊松回归结果

变　量	测量指标	回归系数	p 值
感知有用性	课程好评率	1.365	0.000
社会认同	机构好评率	0.036	0.000
	机构开课总数	−0.036	0.000
	机构累计学生数	0.585	0.000
经济风险	课程价格	−0.243	0.000
功能风险	无试听	−0.776	0.000
	无回看	−1.033	0.000

6.5　研究结果与启示

6.5.1　研究结果讨论

基于感知价值理论,本章从感知利得和感知利失两个视角研究了在线教育社区用户知识付费的影响因素,研究结果发现感知有用性、社会认同、功能风险对用户的付费行为有显著影响,但经济风险只对非学生类用户有显著负向影响,对学生类用户的影响并不显著。相对于已有的主要采用问卷调查的研究来说,本研究通过在线获取用户客观行为数据,得到的结果将更加符合实际。

6.5.1.1　感知有用性与付费行为

由课程好评率这一指标反映的感知有用性正向影响用户付费行为。不论是学生类用户($\beta=2.104$)还是非学生类用户($\beta=1.938$),感知有用性对用户购买行为都有显著影响。对于在线教育社区,课程好评率反映了课程的质量,不管是学生类用户还是非学生类用户都会以此来判断课程老师是否专业、课程设计是否合理、课程内容是否有用。而在线教育社区的用户都有较强的目的性,如考入理想的学校、提升技能、考取证书等,高课程好评率代表了高质量的课程,这是用户付费购买在线教育产品的主要目的。因此课程好评率越高,用户就会觉得课程有用性越高,那么就会更倾向于产生付费行为。

6.5.1.2　社会认同与付费行为

由机构好评率、机构开课总数、机构累计学生数这三个指标构成的社会认同正向影响两类用户知识付费行为。不管是学生类用户还是非学生类用户,在付费前都会参考其他用户的意见。例如,点赞行为表明了用户的认同,这会影响后续其他用户的点击行为。通过机构好评率、开课数和学生总数可以得知周围的人对课程的认可程度。开课机构往往是课程的标签,机构好评率越高,说明机构越可靠;开课数多说明机构规模大,教学经验丰富;机构学生总数越多,说明该机构受欢迎度越高。研究发现用户感知到的参与者越多,越倾向于为直播课程付费。开课机构一旦得到用户的认可,所开课程也会得到用户的信任。认为该机构权威可靠的人越多,用户越倾向于为该机构开设的课程付费。

6.5.1.3　经济风险与付费行为

对于学生类用户,经济风险($\beta=-0.036,p=0.151$)对付费行为的负向影响并不显著;而对于非学生类用户,经济风险($\beta=-0.234,p<0.001$)对付费行为有显著负向影响。造成这一结果的原因可能是两类用户的经济基础不同。学生类用户购买课程一般是由家长进行付费。家长对于教育都十分重视,在做教育投资时,首先考虑的是教育选择对子女的价值,一旦认定该课程对子女的学习是有帮助的,往往不在意费用。而非学生类用户一般是已经工作,实现经济独立的用户。他们购买网课时需要考虑课程费用的支出是否会给自己带来更高的回报,或者是自己的工资是否负担得起学习费用。因此对于非学生类用户来说,在线教育产品的价格越高,意味着经济风险越高,他们在决定是否购买该产品时就会更加慎重。

6.5.1.4　功能风险与付费行为

功能风险对付费行为具有负向作用。但是无试听、无回看等功能对非学生类用户的影响比对学生类用户的影响更强。原因可能是,对于学生类用户来说,在课程的选择上大多会参考家长或老师的意见,很少会主动通过试听课程去选择适合自己的在线教育产品;并且学生类用户的课余生活自由度更高,他们能合理安排时间,直接看课程直播或按照网课课程表进行学习。而非学生类用户,大多是按照自己的学习能力或基础自主选择课程。他们在选择课程之前会更多通过试听功能选择适合自己的老师或者课程难度；并且出于加班等各种原因，他们可能会错过课程直播，这时就需要利用课程回看这一功能来学习遗漏的内容。

6.5.2　启示

本章主要考察用户付费行为而不是付费意愿，研究结果对在线教育社区有以下启示：

其一，要确保课程质量。对于授课老师来说要注重课程的完整性、准确性，提供高质量的信息和知识；对于平台来说可以制定课程审查制度，并通过评级或打分等来传递关于内容质量的信号。

其二，平台应提供更多有关开课机构和授课老师的信息，并根据其专业程度进行排序，提高开课机构或授课老师的可信度。

其三，平台应根据课程内容、用户特征等，合理设置课程价格。对于一些难度较大、专业性较高的课程收费可以适当提高，而对于一些基础知识、实用性不强的课程可以降低费用，同时还可以推出一些折扣优惠活动。

其四，平台应提供更多辅助功能，比如售前试听、购买过程中的支付保障与退换课保障、售后回看以及在学习过程中遇到问题能及时联系到老师答疑等。

本研究以腾讯课堂为调查对象，腾讯课堂虽是在线教育社区的典型代表，但未来如果可以获取其他在线教育社区数据进行研究，并将结果与本研究相互印证，应可得出更明确的结论。而且本研究主要考虑感知利得、感知利失对用户付费行为的影响，其他因素比如社会交互、信任等的作用尚未涉及，有待进一步研究。

7 社交媒体社区用户转移行为研究

4G/5G 等通信技术的应用推动了移动互联网的快速发展，智能手机、平板电脑等移动终端在人们的日常生活与工作中占据着越来越重要的地位，具备各类功能的移动应用程序不断涌现。其中，以微博和微信为代表的移动即时通信、以网易云音乐和抖音为代表的娱乐休闲平台以及以小红书为代表的内容分享平台等各类多元化的社交媒体取得了巨大成功。与此同时，各类社交媒体之间存在激烈竞争，用户数量也呈现出此消彼长的态势。根据中国互联网络信息中心的报告，部分社交媒体如微信朋友圈、QQ 空间的用户使用率出现下降的趋势，而微博的使用率则小幅上升。社交媒体平台需要采取措施来扩大用户群，从而获取竞争优势。

对于用户来说，由于各类社交媒体功能的趋同性和易用性的提升，他们在各类社交媒体之间进行转移较为容易，付出的成本也较低。用户乐于在各类社交媒体之间转换，以寻找最适合自己的那一款软件。这使得社交媒体之间存在着激烈的替代性竞争，社交媒体平台也因此面临着如何有效吸引和留存用户的难题。已有文献虽对社交媒体用户行为进行了较多研究，但主要关注采纳、持续使用等，较少研究用户的转移行为。基于此，本章将基于推—拉—锚（push-pull-mooring，PPM）模型，对社交媒体用户的转移行为进行实证研究，考察推力因素、拉力因素、锚定因素等多个因素对转移意向的作用。研究结果将为社交媒体平台提供决策借鉴和参考,平台可据此采取有效措施防止用户转移,从而实现用户保持,获取竞争优势。

7.1 理论基础

7.1.1 用户转移行为

在社会学和人类学领域,迁移行为通常是指在特定的时间内,人们在物理空间上的移动。早期的研究主要关注产品营销和品牌管理等方面消费者的转移行为。后期也开始关注信息系统间的迁移,包括对于使用中的信息技术的不持续使用和对新信息产品的采纳行为。由于用户的采纳后行为是评价信息系统是否成功的重要指标,因此信息系统领域的研究者一直关注这一问题。

Ye 和 Potter 将用户转移定义为一种特殊的信息技术采纳后行为,认为用户在使用某一信息技术产品后,依旧会选择使用另一种能够满足其相同需求的信息技术产品,这主要是受到心理学中"习惯"的影响,且一般是通过转移意向来最终影响转移行为。[286] 例如用户对于网页浏览器的选择,从 2004 年到 2007 年,微软 IE 浏览器的市场份额从 92% 下降到 78%,而 Mozilla Firefox(火狐)浏览器的市场份额从 2% 上升到 15%,这表明在这段时间内有大量的 IE 浏览器用户转而使用 Firefox,而这一流动现象对浏览器的提供商有重大影响。与网页浏览器相类似,像移动社交媒体这类的网络技术,它们的产品价格极低或为零,用户可以通过相关的软件市场等途径轻松获取并下载使用。类似功能的产品差异化较小,可替代性高,用户可以拥有多种选择。因而从技术提供者的角度来看,理解用户在技术产品之间转移行为的驱动因素是至关重要的。

赵宇翔和刘周颖对于信息技术用户转移行为有如下定义:"在电子设备和数字技术的支撑下,由于产品/服务自身、个人需求和社会环境等因素的影响,用户在一段时间内减少或停止对原有 IT 产品/服务的使用,而增加对另一个 IT 产品/服务的使用。同时,在此过程中,用户也有可能出于某些原因再次转向原来的 IT 产品/服务。"[287]研究还将用户转移行为分为三类:①不同媒介下的用户转移行为,一般是从传统的线下服务转移到更为便捷的线上服务。②相同媒介下同类型产品或服务之间的用户转移,这类研究主要考察了提供相同或相似产品或服务的不同平台之间的用户转移行为。③相同媒介下不同类型的产品或服务之间的用户转移。随着网络服务功能的逐渐扩展,用户对产品的体验感和交互感的要求不断提高,从而选择从传统的网页转向虚拟社区或社交网络平台。本章主要考察的是相同媒介下用户的转移行为,即用户在不同的社交媒体平台之间的转移。

转换行为是采纳后行为之中比较特殊而不利的一种。它指的是用户从一个提供商迁移到另一个提供商。它通常与用户对现有产品/服务的不满以及对替代品的相对优势的感知有关。然而,信息技术中的转换行为并不一定意味着用户放弃现有的服务,它通常指的是部分替代,即用户同时使用两个服务,但会更多地倾向于使用新的替代信息技术。本书采用 Cheng 等对于社交媒体转换行为的定义[288],认为大多数社交媒体用户决定在另一社交媒体中开设一个新账户时,并没有删除之前的社交媒体账户,所以社交媒体之间的转换行为指的是用户主要参与一个新的社交媒体,减少或者暂停使用原有社交媒体的行为。

7.1.2　PPM 模型

PPM 模型主要用于描述人们在一段时间内从一个地方迁移到另一个地方的各方面的原因。它将迁移行为主要影响因素分为推力、拉力和锚定三方面。PPM 模型的发展可以追溯到 1885 年引入的"Laws of Migration",它最终成为人类迁移研究的理论基础。

推力效应是指迫使人们离开原来的地方的消极因素,如缺少工作岗位、失业或自然灾害。相反,拉力效应是吸引潜在的移民迁移到某一特定目的地的积极因素,如更高的收入、更好的就业机会或舒适的居住环境。尽管推力—拉力效应提供了一个可以较为清晰地说明人类迁移原因的模型,但该模型并不全面。因此,研究人员随后增加了一个介于推力和拉力之间的中间障碍,称为锚定效应,它可以帮助人们认识到个体的迁移决策不仅取决于个人当时身处的环境,也会受到每个人的个性和他的社会背景的影响。锚定效应是能够抑制或促进迁移决策的辅助因素,例如转换成本和个人偏好。

PPM 模型最早应用于人口学的研究,后来 Bansal 等采用该模型解释消费者的转移行为,通过将相关变量放入推、拉和锚定的框架中,更为直观地解释用户在信息技术产品之间的转移行为。他们的研究结果表明,推、拉和锚定框架中的变量对转移意愿会有显著的直接影响,且相互也会产生一定的调节作用。[289]

因此,本研究中推力、拉力和锚定因素的定义为:推力因素指将使用某产品的用户推离原产品的因素;拉力因素指将用户拉向使用某新产品的因素;锚定因素指个人因素和社会环境因素的介入带来的影响,能够促进或者抑制人们做出迁移的决策,并且这些因素在一定程度上能够缓和推力因素或拉力因素对个人迁移决策的影响。[14]已有文献也采用 PPM 模型来解释个人变更 IT 服务提供者的意向,详见表 7.1。这些文献显示,PPM 模型也适用于研究社交媒体用户的转移过程。

表 7.1　关于 PPM 模型的部分文献

研究对象	推力因素	拉力因素	锚定因素	来　源
网络游戏服务	低愉悦度 低服务满意度 低卷入	替代者吸引	转移成本 社会联系 对多样性的需要 曾经转换的经历	[290]
在线服务	弱连接 焦虑	享受愉悦 相对有效性 相对易用性	转移成本 过往经历	[291]
博客服务	不满意度	替代者吸引	沉没成本	[292]
即时通信软件	使用疲劳 不满意度	替代者吸引 主观规范	惯性	[293]
即时通信软件	后悔	网络外部性 相似性 创新性	转移成本(准备成本和持续成本)	[294]
电子商务到社会化商务	低效率	社会存在 社会支持 社会利益 自我表现	一致性 个人经历	[295]

7.1.3　转移成本

转移成本(switching cost)在经济学和营销学中应用较为广泛,指的是对现有服务不满意的顾客在转换到另一家供应商时可能遇到的困难,主要表现为客户在转换到新供应商时所感受到的经济、社会和心理负担。关于用户忠诚度的研究认为转换成本包括时间成本、金钱成本和心理成本,反映了转换可能带来的损失如财务损失、绩效损失、社会损失、心理损失、安全损失等。Burnham 等认为转移成本包括了经济风险成本、评估成本、学习成本、设置成本、利益损失、金钱损失、个人关系损失和品牌关系损失,并将这八个方面进一步归纳为三种更高阶的转移成本类型:过程转移成本、财务转移成本和关系转移成本。[296]Lin 等总结了这些转移成本的构成和相关定义[297],见表 7.2。

表 7.2 转移成本分类

转移成本分类		定 义
过程转移成本	经济风险成本	经济风险成本是指消费者在采用不熟悉的新供应商时,需要承受潜在负面结果的不确定性的成本。
	评估成本	评估成本是指在做出转换行为决策前,用户所需的搜索和分析所耗费的时间和精力成本。
	设置成本	设置成本是指开始与新的供应商之间的联系,或建立新账户的过程中所耗费的时间和精力成本。
	学习成本	学习成本是指为了有效地使用一个新的网站或软件程序,从而获得新技能或专门知识时所耗费的时间和精力成本。
财务转移成本	利益损失成本	利益损失成本是指当切换到新的供应商时,与现有供应商之间累计的收益损失。
	金钱损失成本	金钱损失成本是指在转换供应商时发生的一次性财务支出。
关系转移成本	个人关系损失成本	个人关系损失成本是指与现有供应商的员工和客户之间的关系破裂所带来的相关损失。
	品牌关系损失成本	品牌关系损失成本是指与现任公司的品牌关系破裂所带来的相关损失。

在研究信息技术用户转移行为的文献中,也较多考察转移成本对转移意向和转移行为的影响。Cheng 等选取了设置成本(setup cost)和连续性成本(continuity cost)来反映社交网站转移成本。[288]Liu 和 Xiao 将转移成本细分为损失的性能成本、不确定性成本、转换前的搜索和评估成本、转换后的行为和认知成本、转换后的设置成本以及沉没成本六个维度。[298]因此,本研究将结合社交媒体的特点,考察转移成本对转移意向的影响。

7.1.4　社会支持

社会支持概念主要应用于心理学领域和人际交往理论研究。Cobb 将社会支持区分为情感支持（如爱、温暖、亲密感）和自尊支持（如地位、存在感）。[299] 也有研究认为社会支持分为两大类：一类是促使他人做决策或行动的行为，比如向他人提供建议，这一类型的社会支持致力于增强他人的能力或效能感，从而帮助他人能够执行某些行为，称为动态支持；另一类社会支持则致力于帮助人们感到被爱、被接受或被理解，更注重人们之间的情感交流和同理心，以帮助人们调节内心的情绪困扰，称为公共支持。动态支持和公共支持与上文的自尊支持和情感支持相对应。

随着社交媒体的普及，社交媒体作为一种联系人际关系的重要媒介的作用越来越突出。之前的相关社会心理学文献表明，社会支持对提高人际关系质量和减少个人压力有着显著作用。因此，它在人际关系构建中扮演着重要的角色，也是研究网络社交行为的重要因素。研究发现，社会支持是互联网用户从在线社区获得的主要社会价值，能够促使个人与他人建立密切关系，提高个人的幸福感。接受社会支持会给人们带来温暖与个人效能感，因此，在一个有良好社会支持的社区中，人们通常愿意与他人互动，互相帮助，从而产生更高的忠诚度。

社会支持是一个多维的概念。研究认为有四种类型的社会支持可以减轻工作压力，包括情感支持、工具支持、信息支持和评估支持。人们在健康压力下不仅需要有形的支持，还需要无形的情感和信息支持。信息支持指以建议、信息或知识的形式提供有助于解决问题的信息，情感支持是指提供包含情感关怀的信息，如关怀、理解或移情等。在虚拟环境中，信息支持可以提供解决方案，情感支持侧重于表达一个人关切的情绪，因此可以间接帮助解决问题。

当社交媒体用户感受到社会支持后，将会积极向他人分享自己的看法和观点作为回报。而在频繁分享支持性信息后，成员之间的关系和信任会不断加强，从而进一步增强持续使用这一社交媒体的意向。

7.1.5　社会信任

信任来源于心理学的相关领域，但是也不断引申到社会学、管理学、经济学等相关领域。本章研究的是社交媒体用户间的信任感，即社交媒体所构建的群体中人与人之间的交往产生的社会信任（social trust）。McKnight 认为信任包括三个维度：诚信（integrity）、善意（benevolence）和能力（competence）。[142]本研究中诚信是指用户信任社交媒体平台以及平台其他的用户能够做到诚实和守信；善意是指信任社交媒体平台注重保障用户的利益；能力是指社交媒体用户相信平台有能力提供更好的服务。

已有研究表明社会信任直接影响用户的使用意向或行为。Xu 等研究了信任对满意度和购买行为的影响，比较了信任各维度对满意度和购买行为的作用。[141]Chen 和 Shen 研究了社会化商务环境下的购买意愿和分享意愿，结果显示成员间的信任关系显著影响成员对于社区的信任，两者也分别影响购买意愿和分享意愿。[188]基于此，本研究也将考察社会信任对社交媒体用户转移意向的影响。

7.1.6　社会认同

社会认同是一种概念化分析自我的社会心理学理论。为了理解这个世界，人们自然地把自己和他人分成社会类别或群体。群体生活影响着个体与他人交往的方式，个体的社会身份（群体成员身份）能够形成一个镜像，让个体通过它来评价自己和他人的行为。社会认同包含了许多相容和相互关联的组成部分，如社会比较、群体间关系、自我提升和社会分类。社会认同也指对群体的情感依恋，以及相对于其他群体，对被识别群体的社会地位的认知。

在理论层面上,最常被引用的是 Tajfel 提出的社会认同的定义:"社会认同是一个人的自我概念的一部分,来源于他对自己所属的一个或多个社会群体的认识,以及与这个社会群体相关的价值和情感意义。"[300] 社会认同包括三个维度:①认知维(个人对自己作为某一社会群体中的一员的认知,即自我分类);②评价维(由这个群体成员身份产生的积极或消极的价值评估,即群体自尊);③情感维(产生的与群体有感情联系的感觉,如归属感、成员感等)。Bagozzi 和 Dholakia 研究了品牌社区参与者的行为,发现这三个维度与社会认同成正相关,进而影响成员的品牌认同和社交意向。[301]

虚拟网络中的群体也同样会产生类似于现实社会群体中的情感,尤其是在具有相同兴趣、志向或者经历的群体中更易产生认同感。社交媒体的社会认同就是指用户对其所使用的社交媒体的认知,认为该社交媒体对其具有一定的情感和价值意义。社交媒体作为一种虚拟的社会群体的集合,新进入这一社交媒体的成员会逐渐形成对这一社交群体的认同感,而这也会反作用于新用户行为,使得他们产生持续使用意向和忠诚度。

7.1.7 社会交互

社会交互是指个人与他人之间的一种人际行为或关系。通过密切的社会交往,社区成员可以增进双方的人际关系。当双方频繁互动时,他们的关系会变得更加明确,而且他们认为彼此值得信任的可能性也会增加。社交媒体作为人际交流的媒介,它帮助家庭成员、朋友和熟人维持关系,也意味着社会资本从线下转移到线上。

社会交互包括人机交互和人人交互两大类。[18] 人机交互是指个人与移动设备或者电脑等硬件和虚拟社区、社交媒体等应用软件之间的交互;而人人交互则是指用户在网络虚拟空间中与其他个人进行的沟通交流行为,包括了情感交互和信息交互。本研究主要关注的是人人交互,其中的信息交互是指用户之间信息和内容的交流,包括文字、图片、视频等各种形式。情感交互则是指社交媒体用户之间产生了个人情绪与情感方面的共情从而建立起相对稳定的社交关系。

研究表明社会交互对用户行为具有显著影响。Chiu 等发现社会交互直接影响虚拟社区知识分享数量。[55]Shen 等验证了用户的人际交互对虚拟社区忠诚度的影响。[196]Zhang 等认为社会交互通过感知价值影响微信用户的持续使用意愿。[302]因此,本研究也将考察社会交互对用户转移行为的影响。

7.2　研究模型与假设

7.2.1　推力因素

营销学认为满意度是决定消费者对某一服务做出再次购买或停止购买决策的重要因素,当消费者对产品或服务的性能的感知符合其预期时,满意度就得到了确认。在信息系统领域,Bansal 等发现了满意度对更换服务提供者的意向具有负面影响。[289]社交媒体作为基于虚拟网络的信息系统平台,可以通过平台质量来判断用户对社交媒体的使用满意度。本研究基于 D&M 信息系统成功模型,将不满意度分为对社交媒体的系统质量、信息质量和服务质量不满意度三个方面。

7.2.1.1　系统质量不满意度

系统质量反映了平台的可用性、响应性、可靠性和灵活性。用户体验不佳的平台将阻碍用户继续使用这一系统。系统质量不满意度主要反映在用户对社交媒体平台系统功能的不满意,包括图片或视频信息的下载速度、界面的导航功能、界面的设计是否美观且便于使用等方面。作为生活或工作的必需品,用户几乎每天都会使用各种社交媒体,因此当社交媒体难以使用或界面设计很差时,用户就可能会认为服务提供商没有投入足够的精力和资源来为他们提供更好的系统质量,进而产生的不满将促使他们倾向于选择其他社交媒体。因此,本研究假设:

H1:系统质量不满意度显著影响用户的社交媒体转移意向。

7.2.1.2　信息质量不满意度

信息质量也是评价信息系统用户满意度的重要指标。平台需要提供个性化的、完整的、相关的、容易理解的信息给用户。特别的,社交媒体如微博现在是用户了解社会热点信息的重要渠道和窗口,用户非常重视信息的及时性、可靠性。信息质量不满意度反映了用户对社交媒体提供的各类所需信息的准确性、完整性、相关性和及时性的不满意。社交媒体对不间断出现的大量信息进行预先的分类处理,将用户所感兴趣的信息推荐给他们,对于提高用户的使用体验也很重要。用户期望能够从社交媒体中获得准确、相关和最新的信息,而当这种期望被否定时,用户可能会感到不满意。因此,本研究假设:

H2:信息质量不满意度显著影响用户的社交媒体转移意向。

7.2.1.3　服务质量不满意度

越来越多的研究证实了信息系统服务质量的重要性。服务质量反映了响应速度、对用户的保证、用户的移情以及后续跟踪反馈的服务过程。在电子商务领域,服务质量也可以通过在线支持能力来衡量,例如平台客服对用户的常见问题的回答、交易订单跟踪等。服务质量不满意度反映了用户对社交媒体提供的相关服务的可靠性、及时性和个性化的不满意。当用户寻求相关服务时,服务提供商的响应缓慢且不可靠,将导致用户对服务质量不满意。此外,用户也可能希望从社交媒体获得个性化的服务,如功能界面的个性化选择。用户如果对当前使用的社交媒体的服务质量感到不满,就会产生离开或减少使用当前社交媒体的意向,并尝试其他相似的产品。因此,本研究假设:

H3：服务质量不满意度显著影响用户的社交媒体转移意向。

7.2.2　锚定因素

7.2.2.1　转移成本

当在转移行为中存在锚定因素时，即使受到强烈的推拉影响，用户也可能会选择不转移。转移成本就是典型的产生抑制作用的锚定因素，是指用户从当前服务或产品转移到另一个服务或产品所必须承担的成本。已有研究表明，转移成本作为 PPM 模型中的锚定因素，能够显著影响用户的转移意向。Cheng 等研究了社交网站的转移意向，将转移成本分为设置成本和持续成本。[288] Hou 等研究了网络游戏玩家的转移意向，将转移成本作为锚定因素，验证了它对转移意向的显著影响作用。[290]

用户在他们当前使用的社交媒体上与朋友建立了一定的联系，如果用户打算切换到另一个社交媒体，就需要付出相当大的精力来通知他们的朋友，以便将他们的关系转移到新的社交媒体，否则他们可能会失去这些关系。此外，用户也需要耗费时间与精力在新的社交媒体中重新建立交友网络。这些转移成本可能会降低用户转移到其他社交媒体的意愿。因此，本研究假设：

H4：转移成本显著负向影响用户的社交媒体转移意向。

7.2.2.2　社会影响

除了转移成本之外，社会影响也可能影响用户的转移意向。社会影响是指用户行为受到朋友、家人、同龄人和其他人影响的程度。信息系统研究认为，社会影响对信息技术的采纳发挥着重要的作用。同样，社会影响也是影响社交媒体转移意向的因素。社会影响指的是已经转移到其他社交媒体，或一直使用其他社交媒体的亲友邀请使用原有社交媒体的用户进行使用转移所带来的影响。大多数社交媒体都提供通过关联微信或微博账号形成自动邀请和好友建议等功能,以鼓励用户邀请更多的好友加入。用户收到社交媒体的相关功能提示,极易向身边的亲友发出邀请,从而使得社会影响成为一个重要的影响因素。所以,本研究假设:

H5:社会影响显著正向影响用户的社交媒体转移意向。

7.2.3 拉力因素

7.2.3.1 社会支持

社会支持是指个体在社会群体中被人关心、被人回应、被人帮助的经历。人们在一定的压力下需要社会支持。由于互联网上的互动本质上是虚拟的,通常依赖于信息来进行交互,社会支持通常是无形的,也就是表现为信息支持和情感支持。信息支持指以建议、知识的形式提供有助于问题解决的信息。而情感支持是指情感方面的帮助与支持,如关怀、理解或移情。与信息支持相比,它更强调社会支持的情感方面,并可能有助于间接解决问题。

社会支持将帮助用户更好地通过社交媒体与其他成员进行信息与情感交流,从而影响其转移意向。Liang 等认为社交网站用户对社会支持的感知正向促进用户使用社会化商务的意向。[181] Zhang 等提出社会支持能够鼓励顾客之间相互帮助,从而为社会化商务创造一个支持性的环境。[265] Chen 和 Shen 的研究表明,社会支持能够建立虚拟社区用户的信任,进而促进社会交互。[188] 因此,本研究假设:

H6:社会支持显著影响用户的社交媒体转移意向。

7.2.3.2 社会信任

广义上的信任是指一个人基于对他人未来行为的良好预期所形成的一种自信,这种自信在很多情况下建立在人与人之间良好互动的基础上。信任的重要性在很多领域都得到了检验,如人际沟通、领导能力、谈判、绩效评估和团队合作。研究显示,由于对卖方行为的不确定性感知,买家往往不愿在网上交易,而信任在帮助买家提升克服不确定性和风险的认知方面发挥着关键作用。

信任能够建立用户对未来的积极预期,从而缓解不确定性和风险,促进其行为。社交媒体包含的功能不断丰富,用户使用社交媒体可以进行通信交流,也可以进行虚拟产品或实物的交易行为,故而能够使得用户之间产生更高程度信任感的社交媒体,显然也能够让用户更加持久地使用。因此,本研究假设:

H7:社会信任显著影响用户的社交媒体转移意向。

7.2.3.3　社会认同

社会认同理论阐明了个体如何通过分类、认同和比较来提高自尊和自我肯定。在虚拟社区中,参与者根据他们的生活环境、职业或教育水平来组成特定的群体。社会认同是指用户认识到自己属于该社交媒体,并且对它产生了一定的情感认同和归属感。当用户加入一个虚拟社区时,认同感有助于促进用户和其他成员之间的积极互动,激励用户积极参与社区和互助行为。Chiu等认为,用户对于社交网站的认同感能够增强用户的幸福感,进而提升用户忠诚度。[303]当用户能够从某一社交媒体中获得认同感时,就会选择继续使用该社交媒体。因此,本研究假设:

H8:社会认同显著影响用户的社交媒体转移意向。

7.2.3.4　社会交互

社会交互反映了社交媒体成员之间关系的强度、花费的时间、交流的频率等。[71]用户之间进行的社会交互越多,交换信息的强度和广度就越大,频率就越高,进而促进用户对社交媒体的使用行为。Chiu等指出社会交互正向影响虚拟社区用户的知识分享行为。[55]Zhang等发现社会交互间接影响微信用户

的持续使用意向。[302] 因此,本研究假设:

H9:社会交互显著影响用户的社交媒体转移意向。

研究模型见图7.1。

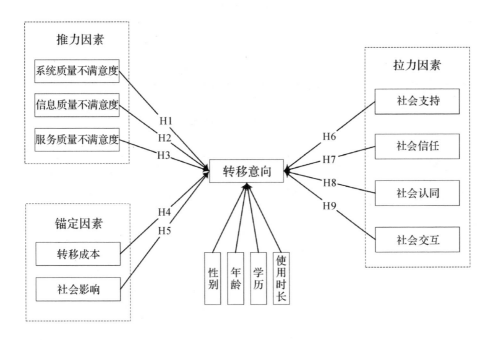

图 7.1 研究模型

7.3 研究设计

本研究具体因素的测量指标设计如下。

7.3.1 推力因素

推力因素包括系统质量不满意度、信息质量不满意度、服务质量不满意度三个变量,分别反映了社交媒体的平台质量可能引起用户体验不佳的不同方面。系统质量不满意度主要是指用户对社交媒体的技术功能的不满意,包括下载速度、导航功能、方便维护、界面设计等。信息质量不满意度主要是指用户对社交媒体提供的信息的准确性、完整性、相关性和及时性的不满意。服务质量不满意度则是指用户对社交媒体提供的相关服务的可靠性、专业性和个性化的不满意。

表 7.3　推力因素及指标

变　量	指　标	测度项	来　源
系统质量 不满意度 (SYDIS)	SYDIS1	当前使用的社交媒体加载文字和图片速度较慢。	
	SYDIS2	当前使用的社交媒体使用较困难。	
	SYDIS3	当前使用的社交媒体导航功能较差。	
	SYDIS4	当前使用的社交媒体的界面设计缺乏吸引力。	
信息质量 不满意度 (IDIS)	IDIS1	当前使用的社交媒体提供的信息与我的需求不大相关。	[304]
	IDIS2	当前使用的社交媒体提供的信息不够充分。	
	IDIS3	当前使用的社交媒体提供的信息不够准确。	
	IDIS4	当前使用的社交媒体提供的信息是过时的。	
服务质量 不满意度 (SVDIS)	SVDIS1	当前使用的社交媒体提供的服务不大可靠。	
	SVDIS2	当前使用的社交媒体响应迟缓。	
	SVDIS3	当前使用的社交媒体不能提供专业的服务。	
	SVDIS4	当前使用的社交媒体不能提供个性化的服务。	

7.3.2 锚定因素

锚定因素包括转移成本和社会影响两个变量。其中转移成本反映了用户转换所导致的沉没成本和学习成本;社会影响反映了社交圈子成员观点的影响,用户可能会倾向于听从他们的建议,选择使用新的社交媒体。

表7.4 锚定因素及指标

变　量	指　标	测度项	来　源
转移成本 （SC）	SC1	通知当前使用的社交媒体上的朋友我要转移到新的社交媒体将花费我很多的时间与精力。	[305]
	SC2	转移到新的社交媒体可能会让我和一些朋友失去联系。	
	SC3	在新的社交媒体上重新建立朋友圈比较困难。	
社会影响 （SI）	SI1	那些影响我的行为的人认为我应该使用新的社交媒体。	[304]
	SI2	那些对我很重要的人认为我应该使用新的社交媒体。	

7.3.3 拉力因素

拉力因素包括了社会支持、社会信任、社会认同和社会交互四个变量。社会支持是指用户在新社交媒体中被其他用户关心、得到回应、被给予帮助的经历。社会信任是指用户对于新社交媒体的成员的信任感,信任感将促进用户的转移意向。社会认同是指用户感到自己属于新社交媒体群体的一员。社会交互是指用户在新社交媒体中不断发展人际关系,包括关系的强度、花费的时间和交流的频率等。

表 7.5　拉力因素及指标

变　量	指　标	测度项	来　源
社会支持 （SOSP）	SOSP1	在新的社交媒体上，我和其他成员能够相互理解。	[306]
	SOSP2	在新的社交媒体上，我和其他成员互相关心对方。	
	SOSP3	在新的社交媒体上，我和其他成员通常会赞同彼此的观点。	
	SOSP4	在新的社交媒体上，我和其他成员会分享各自的情感。	
社会信任 （SOT）	SOT1	我认为新的社交媒体上的成员能够信守承诺。	
	SOT2	我认为新的社交媒体上的成员是可靠的。	
	SOT3	我认为新的社交媒体上的成员的行为方式是一致的。	
	SOT4	我认为新的社交媒体上的成员是可信的。	
社会认同 （SOID）	SOID1	我在新的社交媒体上感到归属感。	[55]
	SOID2	我在新的社交媒体上感到凝聚力和亲近。	
	SOID3	我对新的社交媒体具有一种强烈的正面情感。	
	SOID4	我为成为新的社交媒体的一员感到自豪。	
社会交互 （SOIA）	SOIA1	我和新的社交媒体上的成员保持密切的关系。	
	SOIA2	我花费了很多时间与新的社交媒体成员进行互动。	
	SOIA3	在现实生活中我认识新的社交媒体上的一些成员。	
	SOIA4	我经常和新的社交媒体上的成员进行交流。	

7.3.4　转移意向

社交媒体的转移意向指的是用户主要参与一个新的社交媒体，减少或者暂停使用原有社交媒体的行为意向。

表 7.6　转移意向的指标

变　量	指　标	测度项	来　源
转移意向 （SWIT）	SWIT1	我在考虑尽快使用新的社交媒体。	[305]
	SWIT2	我很可能更多地使用新的社交媒体。	
	SWIT3	我决定以后主要使用新的社交媒体。	

7.4　数据分析

7.4.1　描述性统计分析

本研究主要通过"问卷星"在线发布问卷进行数据收集工作，问卷回收完毕后，先筛选出一些存在问题的问卷，主要是未填写完毕或答案都一样的问卷，最终得到 390 份有效问卷。其中，男性比例为 58.2%，女性比例为 41.8%；调查对象的年龄主要集中在 20～29 岁，占比为 73.6%；最高学历为大学本科及以上的比例为 67.2%。调查样本以学生为主，占比为 71.5%。调查对象经常使用的社交媒体前三位分别是微信、QQ 和微博，使用比例分别为 89.5%、87.7%、55.1%，但知乎（25.9%）、抖音（32.3%）、哔哩哔哩（38.7%）的使用人群所占比例也不小。

7.4.2 控制变量分析

7.4.2.1 性别

样本中男性用户的比例为 58.2%,女性用户比例为 41.8%,这与我国网民的男女比例 51.9∶48.1 的数据大致相符合。独立样本 t 检验结果(见表 7.7)显示社交媒体用户的性别对其转移意向有显著作用,女性相比较男性更容易产生转移意向。这可能是因为女性的性格特点使其更愿意尝试新事物,并愿意为此付出时间和精力,而男性则倾向于一直使用已经习惯使用的产品。

表 7.7 关于性别的独立样本 t 检验

变 量	性 别	N	均 值	标准差	显著性
SWIT	男	227	2.80	1.077	0.009
	女	163	3.07	0.940	

7.4.2.2 年龄

样本中年龄在 20～29 岁的用户占比达到了 73.6%,这也与全国网民中 20～29 岁网民的占比最高的现状一致。表 7.8 显示年龄会影响用户的社交媒体转移意向,结果显示相较于年龄较大的用户,年龄较小的用户转移意向更弱,说明年龄较小的用户对于某一社交媒体的忠诚度更高,虽然年龄小的用户更容易接触和尝试新的社交媒体,但是并不倾向于放弃当前的社交媒体。

表 7.8 关于年龄的单因素方差分析

变 量	频 次	N	均 值	标准差	显著性
SWIT	19 岁及以下	58	2.75	0.944	0.000
	20～29 岁	287	2.86	1.040	
	30～39 岁	34	3.58	0.846	
	40 岁及以上	11	3.24	1.029	

7.4.2.3　学历

由于被调查者大多是在校大学生或企业/事业单位的员工等,因此大学本科及以上学历的用户占比较高,为 67.2%。表 7.9 显示学历会显著影响用户对社交媒体的转移意向。结果显示,大学本科及以上学历的用户的转移意向更弱,原因可能是调查对象中本科及以上学历的用户的主要群体是在校大学生,他们的学习环境与生活环境较为单一,学生群体使用社交媒体的主要目的还是保持与亲友、同学间的交往,以及在网上获取各类信息,因此转移意向并不强烈。

表7.9　关于学历的单因素方差分析

变　量	频　次	N	均　值	标准差	显著性
SWIT	初中及以下	13	3.28	0.606	0.000
	高中/中专/技校	55	3.00	0.964	
	大学专科	60	3.52	0.971	
	大学本科及以上	262	2.92	1.017	

7.4.2.4　使用时长

调查结果显示社交媒体用户的每日使用时长主要集中在 2～3 小时,但是除了 1 小时以内的使用时长外,其他使用时长的结果分布较为均衡。表 7.10 显示使用时长对转移意向的作用不显著。原因可能是使用时间的长短只能反映用户对社交媒体的依赖性,使用时间越长则对社交媒体的使用频率可能也越高,但并不能反映用户使用的是同一社交媒体还是多种社交媒体。

表 7.10　关于使用时长的单因素方差分析

变　量	频　次	N	均　值	标准差	显著性
SWIT	1 小时以内	15	3.11	1.052	0.601
	1～2 小时	88	2.98	0.993	
	2～3 小时	115	2.97	1.043	
	3～4 小时	80	2.88	0.947	
	4 小时及以上	92	2.91	1.111	

7.4.3　信度和效度检验

本章首先使用 SPSS 20.0 进行了信度分析,发现各因子的 Alpha 系数均大于 0.8,说明所设计的测度量表具有良好的稳定性和内部一致性,量表信度良好。具体结果见表 7.11。

接下来通过验证性因子分析方法考察测量模型的效度。从表 7.11 可以看出,所有因子的标准负载均大于 0.7,AVE 值均大于 0.5,CR 值均在 0.8 以上,说明本量表具有较好的效度。

表 7.11　CFA 结果

因　子	指　标	标准负载	AVE	CR	Alpha
SYDIS	SYDIS1	0.788	0.620	0.867	0.866
	SYDIS2	0.807			
	SYDIS3	0.777			
	SYDIS4	0.778			
IDIS	IDIS1	0.788	0.602	0.858	0.857
	IDIS2	0.760			
	IDIS3	0.792			
	IDIS4	0.763			

续表

因　子	指　标	标准负载	AVE	CR	Alpha
SVDIS	SVDIS1	0.845	0.625	0.869	0.869
	SVDIS2	0.771			
	SVDIS3	0.799			
	SVDIS4	0.744			
SC	SC1	0.811	0.656	0.851	0.851
	SC2	0.833			
	SC3	0.785			
SI	SI1	0.936	0.865	0.928	0.927
	SI2	0.924			
SOSP	SOSP1	0.830	0.674	0.892	0.892
	SOSP2	0.798			
	SOSP3	0.839			
	SOSP4	0.816			
SOT	SOT1	0.789	0.658	0.885	0.884
	SOT2	0.827			
	SOT3	0.796			
	SOT4	0.833			
SOID	SOID1	0.808	0.661	0.886	0.886
	SOID2	0.800			
	SOID3	0.820			
	SOID4	0.823			
SOIA	SOIA1	0.854	0.722	0.912	0.912
	SOIA2	0.820			
	SOIA3	0.840			
	SOIA4	0.884			

续表

因　子	指　标	标准负载	AVE	CR	Alpha
	SWIT1	0.920			
SWIT	SWIT2	0.921	0.848	0.944	0.943
	SWIT3	0.921			

7.4.4　模型假设检验

本研究采用结构方程模型分析软件 LISREL 来检测研究模型的拟合效果,并验证理论模型中的假设。

模型的卡方值 χ^2 为 818.394,自由度 df 为 549,并在 $p=0.000$ 水平显著。模型的卡方值会受到样本容量影响,因此可通过卡方值与自由度的比值来检验其拟合度,两者的比值越小则显示该模型的拟合度越优。从表 7.12 可知,本研究中大部分拟合指数的实际值优于推荐值,显示该模型的拟合优度较好。

表 7.12　模型拟合指数推荐值和实际值

拟合指数	推荐值	实际值
χ^2/df	<3	1.491
RMSEA	<0.08	0.038
NFI	>0.90	0.981
GFI	>0.90	0.890
AGFI	>0.80	0.867
NNFI	>0.90	0.993
CFI	>0.90	0.994

利用 LISREL 运算后得到的路径系数及显著性见表 7.13。除系统质量不满意度和社会信任对转移意向影响不显著外,其他假设均得到支持。转移意

向被解释的方差比例为 80.3％,显示本模型具有较好的解释力。

表 7.13　假设检验结果

假　设	变量关系	路径系数	显著性	结　论
H1	系统质量不满意度→转移意向	0.02	不显著	不支持
H2	信息质量不满意度→转移意向	0.18	**	支持
H3	服务质量不满意度→转移意向	0.12	*	支持
H4	转移成本→转移意向	−0.14	***	支持
H5	社会影响→转移意向	0.15	***	支持
H6	社会支持→转移意向	0.11	*	支持
H7	社会信任→转移意向	0.09	不显著	不支持
H8	社会认同→转移意向	0.16	*	支持
H9	社会交互→转移意向	0.26	**	支持

注: * 表示 $p < 0.05$; ** 表示 $p < 0.01$; *** 表示 $p < 0.001$。

7.5　结果讨论与启示

7.5.1　推力因素

推力因素中,信息质量不满意度和服务质量不满意度正向影响用户的转移意向,这与前人的研究结果一致。而其中信息质量的不满意度(路径系数为 0.18)相比服务质量的不满意度(路径系数为 0.12)对用户的转移意向影响更强。

信息质量不满意度主要是指用户对于在社交媒体中获得的各类信息的及时性、准确性的不满心理。如今的社交媒体不仅仅是用户间的通信工具,也让用户可以自主获取和分享各类信息。这类信息的数量极其庞大,这就需要软件平台对其进行分类汇总,并根据不同的用户兴趣及时地进行推送,让用户可以得到更好的使用体验。此外,用户同样可以从资讯媒体上寻找自身需要的信息,因此社交媒体提供的信息质量越高,就越能够吸引和留住用户。

服务质量不满意度则指用户对社交媒体服务的及时性、可靠性、个性化等的不满意。服务质量是影响用户对某一产品或品牌忠诚度的重要因素。当用户对服务质量不满意时,他们将无法建立对该社交媒体的忠诚度,进而可能会更容易转向其他社交媒体平台寻求更好的服务质量。因此,社交媒体平台需要向用户提供更为可靠的个性化服务。如果用户在访问社交媒体时遇到客服响应缓慢和对话频繁中断等情况,他们可能会怀疑平台提供高质量服务的能力。因此,服务供应商应该重视用户的反馈,不管是对系统功能的感知反馈,还是在平台使用中感受到的不足等。比如,在 Apple Store 上用户能够就各个软件使用中发现的问题与意见向开发者发送邮件或者留言。各类社交媒体应当及时查看用户提供的建议,对于其中可以实现或应当改进的部分及时更新升级,并对用户进行更新效果的调查,从而能够深化与用户的关系。

系统质量主要是指社交媒体用户对于软件功能设计、导航能力和界面设计等的感知。本研究发现系统质量不满意度对于社交媒体用户的转移意向没有显著影响。这可能是由于同类型的社交媒体平台的界面与系统功能比较类似,用户对于系统功能的体验并没有显著差异,因此系统质量不满意度并不会显著影响用户的转移意向。

7.5.2 锚定因素

锚定因素中的转移成本对用户转移意向产生负向的影响,这与前人的研究相符。当用户考虑转移行为时,与之前使用的社交媒体好友关系的断裂以及重新建立新的交友网络,需要耗费时间与精力以及导致关系流失。这些成本可能会使得用户产生焦虑,即便面对较强的推力和拉力作用,也还是选择放弃采纳新的社交媒体。这也说明了用户原有的交友网络对于转移意向的重要作用,因此社交平台可以通过用户提供的个人信息主动推荐其可能认识的用户,以及可以经过用户信息匹配,更快地在新的社交媒体上进行关系重建,从而减弱转移成本的作用,促使用户能够更容易接受新的社交媒体。比如抖音就能够通过用户提供的信息以及关注的相关账号,通过算法向用户主动推荐可能认识的人,使得用户能够更快地建立起自己的好友网络,进而获得更好的使用体验。

锚定因素中的社会影响显著影响转移意向,这也说明了社交媒体本身强大的交互性,使得用户行为会受到其同伴的影响,尤其是用户会倾向于使用现实生活中的亲友大力推荐的或大多数亲友都在使用的社交媒体。社交媒体平台可以通过奖励或者积分等方式,鼓励平台用户向其亲友推荐该平台,从而吸引新的用户和扩大用户群。另外一方面,社会影响的显著作用也表明,建立强大的社交纽带将会是一种可行的防御策略。平台提供商不仅需要重视管理个人用户,也需要重视管理用户社交圈中的其他用户,将每一个用户都嵌入密集的社交网络集中管理。如果社交圈中的大多数朋友都留了下来,用户缺乏转移到其他社交媒体的动力,同样转移成本也相应增加,平台就能够更好地保留住大量用户。

7.5.3　拉力因素

拉力因素中,除了社会信任外,社会支持、社会认同和社会交互对用户转移意向具有显著影响,其中社会交互(路径系数为 0.26)相比另外两个因素来说作用更强。

首先,社会支持是指个体在其社会群体中被人关心、被人回应、被人帮助的经历。相对于现实世界,越来越多的人更倾向于在未知的虚拟世界中寻求他人的回应与帮助。因此能够使用户及时地感知到他人支持的社交媒体，也更容易为用户接受。随着社交媒体用户群体的不断扩大，用户在使用社交媒体获取支持的同时可能会受到他人的恶意攻击，因此平台也应当注意对用户发送的言论的审核与监督，加强对恶意言论与不良信息的举报并提高处理效率，减少网络霸凌等现象，营造更为良好的社交环境。在这方面，视频弹幕类的社交媒体是一个典型例子。用户可以对播放视频中的恶意言论进行即时屏蔽与举报，使得每个用户在使用的过程中能够更好地获得情感方面的共鸣，并减少与其他观念不合的用户的交互。

其次，社会认同对用户转移意向具有显著作用，说明用户在采纳某一社交媒体的时候更加重视在其中能够获得的归属感和认同感，这可以促进用户和其他用户之间的积极互动。社交媒体平台可以通过设置等级制度，或者鼓励有相同兴趣的用户在同一社交媒体上交流和分享信息，提升用户的归属感和亲密感。社会认同在社交媒体中的作用也较为明显，尤其是针对因为相同兴趣爱好而自主聚集到同一社交媒体上的用户，例如以动漫等二次元因素为主的哔哩哔哩动画、寻求知识分享与交流的知乎平台以及以运动健身相关信息交互为主的 Keep 平台。社交媒体平台也可以通过用户提供的个人信息，将用户进行大致分类，向兴趣、爱好相近的用户进行相互推荐，鼓励有相同兴趣的用户主动进行交流和分享信息，促进用户交互，增强用户归属感。比如从社交习惯的角度出发，挖掘用户的社交关系类型，根据关系的亲疏远近，可以开发陌生关系、"点赞之交"等不同社交深度的产品，如腾讯、陌陌都推出了多款匿名社交 APP，微博也推出了浅互动社交产品"绿洲"。

社会交互对用户的转移意向的显著作用表明，用户之间进行的交互越多，其选择使用该社交媒体来维持和扩展人际交往的可能性就越大。社交媒体的信息交互的方式越来越丰富，除了基本的文字与语音交互外，越来越多的人喜欢通过短视频以及直播的方式进行更为快速与直接的交互。因此具有多种交流方式的社交媒体平台能够吸引的用户群体也就越多，例如抖音通过发布短视频、文字评论交流和之后的直播方式同步使用,使得用户在这一平台交互频繁,用户数量呈井喷式发展。提高用户交互的频率也能够改善用户的使用体验,促进其持续使用意愿。经常使用某一社交媒体进行交互的用户,即使对社交媒体使用中的其他方面有些轻微不满,也可能会坚持使用。也就是说,频繁使用的社交媒体会引导用户形成使用习惯。因此,社交媒体平台可以通过设置一些奖励机制,例如用户每日登录领取积分或者坚持打卡获得奖励等方式,鼓励用户提高社会交互的频率,使得用户能够形成行为习惯,进一步增强持续使用的意向。

拉力因素中的社会信任对转移意向没有显著作用,原因可能是本次研究的是用户对于新社交媒体的采纳行为,用户对新媒体平台和其他用户的信任建立需要经历一段时间,初步的了解不足以使得他们产生足够的动力进一步持续使用。另外,本研究中用户使用的都是知名的社交媒体平台,这也可能使得信任不再是用户转移时所关注的因素。

7.5.4 启示

研究结果启示:

其一,应当注重对系统相关功能与服务的反馈。通过用户反馈来及时对社交媒体当前可能存在的问题进行改进,不断完善升级平台的功能。注重对当前用户的满意度调查和反馈,及时回复用户对平台提出的建议,更加重视工作人员的服务态度,从而为用户提供更加精准和可靠的服务,提升用户满意度,防止其转移行为。另外也可以通过增加社交媒体的功能创新,增加用户使用时长和黏性。

其二,增强社交媒体用户之间的交互。社交媒体运营商可以通过宣传等方式,吸引有相同兴趣爱好的用户,促进用户间更积极主动地交流。此外,可以通过设计交互程度维度的升级方式等来鼓励用户的自主交流,例如 QQ 软件上的培养火花功能,用户可以通过每天不间断地互发消息来将火花养大,这能够提高用户的交互频率以及吸引更多的年轻群体参与其中。

其三,升级用户好友推荐功能。通过更新社交媒体的好友推荐功能,使用户能够更为快捷和准确地添加原有的好友,减少采纳新社交媒体时可能付出的时间和精力等成本。同时也鼓励现有用户向自己的亲友推荐该平台。潜在的新用户对于没接触过的产品与服务可能会存在怀疑,通过现实生活中的亲友推荐,他们会更容易接受新的社交媒体。建议通过平台上的积分奖励或者增加会员时长等方式,鼓励现有用户吸引新的用户。

其四,培养用户对社交平台的归属感以及用户之间的情感联系。社交媒体可通过发展用户群,吸引有相同兴趣爱好的用户聚集,并建立积分或等级制度,增强用户对平台的归属感和亲密感。平台也应加强对用户发布信息的审核,提高处理用户举报的效率,降低用户获得恶意信息的概率,增强用户之间相互的情感联系,从而促进用户的持续使用,建立忠诚度。

8 在线知识社区用户潜水行为研究

近年来，在线知识社区作为众包和协作解决问题的交流平台得到了快速发展。在线知识社区通过聚集信息和知识，使参与者能够快速获得其所需知识以解决问题。国内常见的在线知识社区有知乎、豆瓣、微博等，通过参与这些社区，人们可以有效地交流、学习和协作，降低了知识搜索和获取的成本。在线社区的知识共享是一种在个人之间进行的关于信息、技能或经验的知识交流活动。在线知识社区的内容会吸引参与者，成员产出内容越多就越能吸引新成员加入，如此便会形成一个循环，使之成为有价值的社会资源。然而，随着用户规模的不断扩大，知识社区中开始出现大量的"沉默群体"，即只搜索或浏览信息而不分享的群体，通常被称为"潜水者"。潜水者成为知识社区中的大部分参与者这一现象可能会使得社区的有用性受到质疑，因此识别潜水的原因对于知识社区的发展是至关重要的。

已有文献主要研究了在线社区用户分享行为、信息披露行为、不持续使用等，较少关注在线知识社区用户潜水行为。某种程度上来说，分享行为、披露行为代表积极行为，潜水行为代表消极行为，两种行为的影响因素应存在差异。此外，用户潜水对于在线社区来说是比较常见的现象。然而相对于其他类型社区如在线娱乐社区、在线交易社区等，此行为在在线知识社区中可能更为普遍，这是因为在线知识社区用户分享行为需要一定的专业知识背景作为支撑,对用户的专业技能要求较高。因此,研究在线知识社区用户潜水行为的影响因素,从而采取措施促进其参与和分享行为显得尤为必要。本章将基于 SOR 模型构建研究模型,考察动机因素对知识社区用户焦虑、社交网络疲劳及用户潜水行为的作用机理。研究结果将为在线知识社区提供借鉴,社区管理者可据此采取措施提高潜水者的活跃程度,促进其知识分享行为。

8.1 文献综述

8.1.1 用户潜水行为

在线知识社区的参与者通常分为两类——潜水者(lurkers)和张贴者(posters),前者指的是那些阅读帖子但没有做出贡献的人,后者指的是在网上分享知识的人。在线术语词典将潜水者定义为:"电子论坛上的沉默群体之一,偶尔发帖或根本不发帖,但会定期阅读该组织的帖子。"早期研究人员倾向于拒绝在知识共享环境中定义潜水者,认为潜水行为就是一种搭便车行为,对社区的贡献很少,研究者大多对潜水者持负面态度。随着网络的不断发展,研究者对潜水者的态度逐渐变得积极,认为他们也是社区的利益相关者,于是开始重点关注潜水者的行为动因。刘江等将潜水者的内在动因和外在动因划分为经济利益、社会和知识技术三个层面,认为作为内在动因的个人需求与满足、安全隐私、专业知识匮乏分别对应经济利益、社会和知识技术层面,而作为外在动因的外部奖励、信息过载、交互延迟分别对应经济利益、社会和知识技术层面。[307] 刘鲁川等认为社会比较、绩效期望和感知风险对社交媒体潜水行为具有显著影响。[308] 李纲等识别微信群中的潜水者及其角色类型,通过演化分析发现成员潜水行为主要与成员身份地位、话题兴趣度及关系亲疏度相关。[309]基于这些文献,本章将从内部动机和外部动机出发,将焦虑情绪和社交网络疲劳作为中介变量,研究它们对用户潜水行为的影响。

8.1.2 SOR 模型

SOR 模型将刺激作为前因变量,机体作为中介变量,反应作为结果变量,主要考察外部环境因素对个体行为的影响。后来学者对其进一步研究,认为来自环境的刺激会影响个人的认知和情感反应,进而导致个体的行为和反应。刺激是影响个体心理状态的外部力量,机体是内部的过程和结构,通常中介刺激和反应之间的关系。反应是指个体的最终行为结果,可能是积极的,也可能是消极的。SOR 模型是解释外部刺激如何与个体的内在状态相互作用,最终导致个体行为的经典范式,被广泛用于研究信息系统用户行为。李琪等利用SOR 模型研究了消费者购买行为,证实了零售电子商务模式下信任、满意度和关系承诺对社区团购具有显著作用。[249]周涛和陈可鑫基于 SOR 模型研究了社会化商务用户行为机理,考察了影响用户使用和分享行为的因素,发现情感支持、信息支持等显著影响虚拟社区感,进而影响用户行为。[310]基于这些研究可以发现,SOR 模型是一个适用于解释个体在面对来自信息系统的环境刺激时的内在心理感知和行为反应的总体框架。因此,本章采用 SOR 模型来研究知识社区用户潜水行为是合适的。

8.2 研究模型及假设

研究模型如图 8.1 所示。内部动机和外部动机是刺激因素,本章将焦虑情绪和社交网络疲劳作为有机体的内心活动。焦虑情绪和社交网络疲劳会影响用户在知识社区中的潜水行为。

动机理论(motivational theory)认为动机是影响用户行为的显著因素。其中内部动机反映了行为的过程,本研究考察了社会比较和隐私关注这两个内部动机;外部动机反映了行为的结果,本研究考察了信息超载和功能超载这两个外部动机。这些因素充分反映了知识社区和用户的特征,作为刺激因素是合适的。在内部动机中,社会比较反映了用户在和其他更专业的用户比较后产生的消极感受,这种感受将降低用户的参与积极性,导致其潜水行为。隐私关注反映了用户对信息安全的担忧。若用户感到个人信息被不当收集和使用,其将感受到显著的隐私风险,不愿意进行分享行为。在外部动机中,信息超载反映了用户对于过量信息的感受。用户往往期望从知识社区获得高质量的知识来解决其遇到的困难和问题,社区中充斥的大量无效信息将降低用户对于知识社区价值的感知,因此信息超载将导致其潜水行为。功能超载反映了平台多余功能对用户使用行为的干扰。过于复杂、冗长的操作流程将会增加用户的使用负担,影响其获取知识的便捷性和快速性,进而影响其行为。

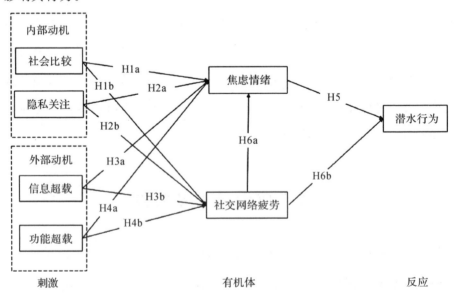

图 8.1　研究模型

另外,本研究选择焦虑情绪和社交网络疲劳这两个因素作为有机体因素,它们比较贴切地反映了导致用户潜水行为的负面情感。当用户出于种种原因如缺乏专业知识和自信等产生焦虑情绪时,他们不可能产生分享行为。社交网络疲劳反映了用户长时间使用知识社区所产生的疲劳和倦怠感,他们无法从分享中获得满足感和成就感,这将导致其潜水行为。此外,本研究认为动机因素(社会比较、隐私关注、信息超载、功能超载)将增加用户的焦虑情绪和社交网络疲劳这两个负面情感,进而导致用户的潜水行为。

8.2.1 内部动机

内部动机反映了来自个体内心的因素,这些因素并不依赖于外部压力,其一般侧重于行为过程。刘鲁川等基于扎根理论探究了社交媒体用户倦怠与消极使用行为间的关系,将社会比较和隐私关注划分为个人因素。[311]这些因素与用户的个性密切相关,因此本研究将社会比较和隐私关注作为内部动机进行研究。

社会比较反映了用户将自己和社区其他成员进行比较后产生的感受。作为社区的一员,用户往往比较在意自己在社区的影响力,因此可能自觉或不自觉地将自己和社区中更有成就的成员进行比较,这可能导致用户的失落感和消极情绪。社会比较还可以用来估计一个人过去和现在的社会地位,以及预测未来的前景。对于用户来说,所有社会比较的主要焦点是评价自己。社会比较降低了用户对自己知识、技能等的自信心,将会增加用户的焦虑情绪,降低其行为的活跃度,并可能逐渐形成对社区的疲劳和倦怠。刘鲁川等研究社交媒体中用户的潜水行为,发现社会比较会正向影响焦虑情绪。[308]因此,本研究提出以下假设:

H1a:社会比较正向影响焦虑情绪。

H1b:社会比较正向影响社交网络疲劳。

隐私关注反映了用户对个人信息不被他人获取的愿望。对隐私高度关注的成员往往具有隐私焦虑,他们倾向于怀疑在线社区及其成员在未经允许的情况下滥用他们的个人信息,使得他们不愿意参与社区分享。刘江等在探讨用户潜水行为动因时也将隐私关注划分为内在动因。[307]Osatuyi 研究了个人隐私关注与用户行为意图之间的关系,发现隐私关注更容易引起焦虑,进而影响用户消极使用行为。[312]任胜楠研究了社交媒体用户的消极使用行为,证实了隐私关注正向影响社交网络疲劳。[313]因此,本研究假设:

H2a:隐私关注正向影响焦虑情绪。

H2b:隐私关注正向影响社交网络疲劳。

8.2.2 外部动机

外部动机是来自个体外部的动机,以奖励、晋升、胁迫或惩罚的形式存在,强调的是行为的结果。从社会经济角度来看,如果个体感知到的利益低于成本,那么交换过程将停止。已有文献考察了信息超载和功能超载作为环境因素对用户消极使用行为的影响,因此本研究将二者作为外部动机进行讨论。

信息超载指的是在任何给定的时间内接收过多的信息,以至于超出了个体的处理限制。随着通信技术的发展,网络信息的生产和传播速度急剧增长,达到了用户的认知极限,当用户接触到频繁更新的信息时,他们会感到不知所措。技术使用一旦超过最佳水平,实际上会产生负面结果。知识社区存在的大量知识质量良莠不齐,需要用户花费大量时间和精力进行筛选和甄别,这将增加用户的焦虑情绪和疲劳感。Sun 等研究发现在社交网络中,过多的信息交流超过了用户的认知能力,会让其从其他重要的活动中分心。[314]此外,Lee等通过研究证实了信息超载会对个体的行为、情感和健康产生负面影响。[315]因此,本研究提出以下假设:

H3a：信息超载正向影响焦虑情绪。

H3b：信息超载正向影响社交网络疲劳。

功能超载反映了用户对技术特征的感知，指的是信息系统平台所提供的功能超出用户的需求。知识社区提供的功能越来越多，社区管理者预期这些新功能能够丰富用户体验，但部分功能可能适用性不强，反而增加了用户的负担和焦虑。根据认知匹配理论，非必需的功能会分散用户注意力，增加个体的认知负荷，导致用户的焦虑，进而会降低个体的绩效，且过多功能会使得个体的时间被低效使用，降低用户的工作效率。已有很多研究发现功能超载对用户消极情绪有显著影响。因此，本研究提出以下假设：

H4a：功能超载正向影响焦虑情绪。

H4b：功能超载正向影响社交网络疲劳。

8.2.3 焦虑情绪

焦虑反映了一种负面的情绪状态，其特征是主观感觉的紧张、忧虑，并由自主系统的激活或觉醒引起。在线知识社区用户的焦虑不仅来自系统功能因素、信息特征等外部特性，还受到用户个性特征因素的影响。本研究的信息超载和功能超载即为系统功能等外部特性，内部动机的社会比较和隐私关注则与用户个性有关。Lepp 等发现焦虑会对幸福感产生负面影响。[316] 刘鲁川等认为社交媒体中焦虑情绪会使得用户不积极参与知识共享，而采取消极使用行为。[308] 因此，本研究假设：

H5：焦虑情绪正向影响潜水行为。

8.2.4 社交网络疲劳

疲劳反映了一种主观的感觉，包括两种形式：身体疲劳和心理疲劳。本研究主要研究心理疲劳。心理疲劳是指一种消极的感知,如疲劳、疲惫、压力、倦怠、厌倦和焦虑。社交网络疲劳也可以被视为一种心理疲劳。Ravindran 等将其定义为"一种主观的、多维的用户体验,包括疲劳、烦恼、愤怒、失望、警惕、失去兴趣,或与社交网络使用和互动的各个方面相关的需求/动机减少"[317]。任胜楠通过实证研究证实了社交网络疲劳会影响用户的焦虑情绪和消极使用行为。[313]因此,本研究提出以下假设:

H6a:社交网络疲劳正向影响焦虑情绪。

H6b:社交网络疲劳正向影响潜水行为。

8.3　数据收集与分析

8.3.1　数据收集

研究模型共包含 7 个因子,各因子皆由 3 个指标进行测度,所有测量指标采用李克特五级量表进行测量。所有指标参考经典外文文献,以提高量表的内容效度。问卷设计后,预先邀请 20 名用户填写预测问卷,之后对问卷进行修改。表 8.1 列出了最终测量指标及来源。

调查问卷以二维码和链接的形式发布在朋友圈、微博、知乎等,问卷发放的对象主要是学生和企事业单位员工,问卷发放持续三周,通过剔除无效问卷,最终得到有效问卷 353 份。其中,男性用户比例为 52%,女性用户比例为 48%;本科生及研究生比例为 90%;用户常用的在线知识社区包括微博(60%)、知乎(58%)、小红书(52%)、百度贴吧(44%)等。微博作为最大的社交平台之一,不仅传播一些娱乐信息,也有众多用户如医生分享专业知识等,并和其他用户互动,取得了良好的效果。这充分体现了知识社区的特征。因此,本研究认为选取微博作为研究对象是合适的。43% 的用户每天使用知识社区的时长超过 2 小时,36％的用户每周使用知识社区的次数超过 6 次。

表8.1　变量及测量指标

变　量	指　标	指标内容	来　源
社会比较 (SC)	SC1	在社区中,与其他人相比,我对自己的成就不是很自信。	[318]
	SC2	在社区中,我经常和别人比较我在生活中取得的成就。	
	SC3	在社区中,我有时会和比我更有成就的人进行比较。	
隐私关注 (IPC)	IPC1	我认为社区不应将个人信息用于任何目的,除非获得个人授权。	[312]
	IPC2	我认为社区应该投入更多的时间来防止未经授权的个人信息访问。	
	IPC3	我认为社区应该采取更多措施确保未经授权的人无法访问其他人的信息。	
信息超载 (IFO)	IFO1	我经常被社区上过多的信息分散注意力。	[319]
	IFO2	社区中只有少部分信息是我需要的。	
	IFO3	社区中每天会有很多更新的信息,我有一种被淹没在其中的感觉。	
功能超载 (SFO)	SFO1	社区中与我主要使用目的无关的功能常常让我感到心烦。	[315]
	SFO2	社区用户界面设计较复杂,影响了我的工作效率。	
	SFO3	社区许多功能华而不实,使得简单问题复杂化。	

续表

变　量	指　标	指标内容	来　源
焦虑情绪 （A）	A1	在社区中和权威人士交流我会感到有些紧张。	[320]
	A2	我非常担忧信息隐私风险。	
	A3	我担心我的帖子在社区中被忽视。	
社交网络 疲劳(SFG)	SFG1	使用社区一段时间后，我会觉得疲劳。	[317]
	SFG2	使用社区一段时间后，我在其他时间很难集中精力完成工作。	
	SFG3	在使用社区的过程中，我通常觉得有些累，不能很好地完成其他工作。	
潜水行为 （LUK）	LUK1	在社区中，我经常观看视频或图片，但很少分享信息。	[321]
	LUK2	在社区中，我经常浏览别人的帖子，但几乎不发布信息。	
	LUK3	在社区中，我经常阅读帖子和评论，但很少与他人互动。	

8.3.2　数据分析

首先进行信度和效度分析。从表 8.2 可知，Alpha 值均大于 0.8，标准负载均大于 0.7，AVE 值均大于 0.5，CR 值均大于 0.7，说明量表具有较好的信度和效度。接下来使用 AMOS 软件对结构模型进行分析，计算模型的路径系数值进行假设检验。从标准路径系数来看，除功能超载对焦虑情绪的作用不显著以外，其他系数都满足在 0.05 的水平显著，详见图 8.2。表 8.3列出了部分拟合指数值，显示模型较好的拟合优度。

表 8.2　CFA 结果

因子	指标	标准负载	AVE	CR	Alpha
社会比较 （SC）	SC1	0.800	0.693	0.871	0.860
	SC2	0.837			
	SC3	0.859			
隐私关注 （IPC）	IPC1	0.897	0.749	0.899	0.896
	IPC2	0.823			
	IPC3	0.875			
信息超载 （IFO）	IFO1	0.838	0.691	0.870	0.869
	IFO2	0.824			
	IFO3	0.831			
功能超载 （SFO）	SFO1	0.789	0.651	0.848	0.877
	SFO2	0.828			
	SFO3	0.804			
焦虑情绪 （A）	A1	0.798	0.641	0.843	0.857
	A2	0.788			
	A3	0.816			
社交网络 疲劳（SFG）	SFG1	0.759	0.588	0.811	0.877
	SFG2	0.782			
	SFG3	0.760			
潜水行为 （LUK）	LUK1	0.820	0.686	0.867	0.878
	LUK2	0.842			
	LUK3	0.823			

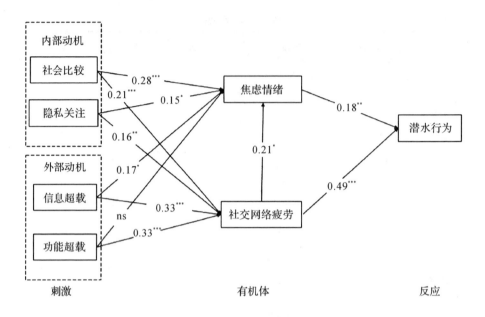

图 8.2　路径系数和显著性水平

表 8.3　模型拟合指数推荐值和实际值

	χ^2/df	GFI	AGFI	CFI	NFI	RMSEA
推荐值	<3	>0.9	>0.8	>0.9	>0.9	<0.08
实际值	1.410	0.940	0.919	0.985	0.949	0.034

8.4　研究结果与启示

8.4.1　研究结果

　　基于 SOR 模型,本章构建了在线知识社区用户潜水行为模型。如图 8.2 所示,除了 H4a 之外,其余假设均得到了支持。研究发现,社会比较、隐私关注、信息超载均显著影响焦虑情绪和社交网络疲劳,进而影响用户潜水行为;

功能超载未显著影响焦虑情绪,但通过社交网络疲劳影响用户潜水行为。

内部动机方面,社会比较和隐私关注均显著影响焦虑情绪和社交网络疲劳,这与以往学者的研究结果一致。这说明在知识社区中,用户的社会比较和隐私关注十分重要。但在本研究中,社会比较对焦虑情绪和社交网络疲劳的影响(路径系数分别为 0.28 和 0.21)比隐私关注对二者的影响(路径系数分别为 0.15 和 0.16)更强。这可能是因为虽然用户对个人隐私很关注,然而无力解决个人隐私泄露的问题,部分人对此关注度有所下降,但隐私关注仍显著影响焦虑情绪和社交网络疲劳,因此平台需要优化隐私保护技术以减少用户隐私关注。对比隐私关注,社会比较影响更加显著,这说明当用户与社区成员进行社会比较,认为他人在能力或技术知识方面比自己更优秀时,更容易引发焦虑情绪和社交网络疲劳。

外部动机方面,信息超载和功能超载均显著影响社交网络疲劳。这说明用户的社交网络疲劳不仅受到信息超载影响,也受到功能超载的影响。本研究发现,信息超载显著影响焦虑情绪,但功能超载未影响焦虑情绪。这与之前大部分学者的研究结果不一致,可能是因为随着不断优化和发展,知识社区的功能虽然变得丰富多样,但用户可以根据自己的需求对其进行筛选,甚至可以关闭不必要的功能,如此便不会由此产生焦虑情绪。而功能超载通过社交网络疲劳间接影响焦虑情绪,显示社交网络疲劳中介了功能超载对焦虑情绪的作用。

研究结果发现,社交网络疲劳显著影响焦虑情绪,二者均显著影响潜水行为,但是社交网络疲劳对潜水行为的影响更加显著(路径系数为 0.49)。这说明用户感知的社交网络疲劳会引起用户的焦虑情绪,且用户的焦虑情绪和不愉快的心理疲劳都会对用户潜水行为产生重要影响,会使得用户不积极参与知识共享行为。因此社区平台应重点关注用户的消极情绪,调动用户的积极性,让用户参与到社区的知识共享中。

8.4.2　启示

研究结果启示：

其一，社区管理者应增强隐私保护，缓解用户焦虑。社区可以通过发布隐私声明、提供隐私设置等措施让用户在使用社区时觉得自己的个人隐私可以得到切实的保护，从而放心地在社区中与他人互动和发布信息。

其二，社区管理者应保证社区信息的真实可靠，对信息进行严格审核，避免虚假信息的传播。社区平台对用户不需要或不相关的信息要自动过滤，向用户推荐个性化的、相关的信息内容，使得用户对社区更加感兴趣，积极参与社区的知识共享。

其三，社区管理者应优化社区功能，尽可能使得功能满足用户的需求，避免无用的功能。例如社区可以根据用户不同的年龄和行业，向其提供功能选择建议，使得用户使用更加方便快捷。社区平台还可以为用户配备可选的功能，允许他们在指定的时间内关闭实时推送通知或即时消息功能。

本研究仍具有一些局限。如本章主要考察了部分动机因素的作用，其他动机因素如利己主义、自我效能和社区环境因素对用户潜水行为的影响有待进一步研究。又如除了社交网络疲劳和焦虑情绪，感知风险、不满意度等因素也可能影响用户潜水行为，而本次研究未涉及。

9 在线音乐社区用户持续使用意愿研究

随着移动互联网的发展和移动智能终端的普及,各类在线社区得到了快速发展,在线音乐社区便是其中一类有代表性的社区。从 QQ 音乐、酷狗音乐、酷我音乐到自成立之初便主打音乐社交的网易云音乐,近年来在线音乐社区发展迅猛。中国互联网络信息中心发布的报告显示,截至 2021 年 8 月,我国网络音乐用户规模达 6.8 亿,用户渗透率为 67.4%。但网络音乐新用户增长速度(3.5%)减缓,较以往有明显回落,这使得各个在线音乐社区越来越重视提高用户忠诚度、实现用户保持。因此,如何采取有效措施促进用户的持续使用是在线音乐社区取得竞争优势的关键。

已有文献研究了多种情境下如购物网站、社交网站等的用户持续行为,但关于在线音乐社区用户持续使用意愿的实证研究仍较缺乏。多个音乐社区平台之间存在激烈竞争,各自功能比较类似,用户转移成本较低,因此促进用户持续使用行为,从而实现用户保持对于在线音乐社区来说至关重要。相对于其他类型的在线社区如交易社区来说,在线音乐社区存在娱乐性、社交性(音乐社交)、情感体验较强等显著特征。基于此,本研究将结合社会支持理论,考察虚拟社区感和用户体验对在线音乐社区用户持续使用意愿的影响。研究结果将发现影响用户持续行为的显著因素,从而有助于在线音乐社区采取措施促进用户持续行为,实现用户保持,获取竞争优势。

9.1 文献综述

9.1.1 虚拟社区感

社区感(sense of community)这一概念最早由 Sarason 提出,他将社区感定义为个体对某个集体的归属感,并且认为缺乏社区感是许多社会问题的主要原因。他的工作为随后的研究奠定了基础。McMillan 和 Chavis 发展了社区感的理论,他们将社区感定义为社区成员对社区的归属感、共同信念等,认为社区感包括四个维度:成员感、影响力、需求满足和情感联结。[322]成员感定义了谁是社区的一部分;影响力反映了成员对社区中发生的事情是否有发言权;需求满足认为通过参与社区而获得的实用性和象征性利益有助于满足个人需求,并使社区在一个人的心目中更加重要;情感联结体现了社区成员依赖平台来与他人保持情感联系。McMillan 认为社区感能提升成员对社区的满意度以及承诺。[323]Koh 和 Kim 发现社区感是虚拟社区成功的关键因素。[324]

虚拟社区感(sense of virtual community)将传统社区感的概念延伸到了在线社区。相比于传统社区,在线社区中的成员由于不确定性和匿名性,往往需要在社区花费较多时间和精力互动才能产生虚拟社区感。研究表明,社区成员之间的联系与交流是社区感发展的基础。影响因素方面,Chih 等发现认知信任和情感信任对成员的虚拟社区感有显著影响。[325]Gibbs 等对在线社区的研究表明,社会支持、联系强度、规范影响都会影响虚拟社区感。[326]周商考察了社区认同、知识互惠、共同愿景等与虚拟社区感之间的相关关系。[327]作用结果方面,申光龙等发现虚拟社区感对用户积极参与价值共创具有显著作用。[328]Kim 等发现在线粉丝社区环境中社区满意度受到虚拟社区感四个维度的显著影响,而社区参与则受到成员感和需求满足的显著影响。[329]顾美玲等发现,虚拟社区感对开放式创新社区用户知识贡献行为具有显著正向影响。[330]Yao 等通过对小米社区的实证研究发现虚拟社区感影响承诺和知识贡献。[331]Naranjo-Zolotov 等的研究认为虚拟社区感与社交媒体成瘾有显著的关联。[332]

从上述文献可以发现,已有文献研究了虚拟社区感对知识贡献、满意度、社交媒体成瘾等行为的影响,但少有文献关注虚拟社区感对在线音乐社区用户持续使用意愿的作用。本章将对此进行研究。

9.1.2　用户持续行为研究

近年来,越来越多的在线社区涌现并且竞争激烈。因此,如何留存用户、提高用户持续使用意愿便显得尤为重要。已有文献通常基于期望确认模型、使用和满足理论(UGT)、技术接受模型(TAM)等来考察用户持续行为。孙挺等发现满意度是用户持续使用意愿最主要的影响因素。[333]薛云建认为感知有用性、满意度、主观规范、感知行为控制、感知隐私风险对持续使用意愿均有显著影响。[334]Wang 等研究发现交互质量、环境质量、惯性和用户满意度是持续使用意愿的关键决定因素。[335]Wang 等通过研究移动政务社区发现,移动性、本地化和个性化与感知价值呈正相关,而感知价值影响持续使用意愿。[336]

综合上述文献可以发现,已有文献考察了电子商务、电子旅游、移动政务等环境下的用户持续行为,但对在线音乐社区用户持续行为的研究较少。因此,本章将考察虚拟社区感对在线音乐社区用户持续使用意愿的影响。

9.2 研究模型与假设

9.2.1 社会支持

社会支持反映了用户在社区中得到的来自其他成员的关切、回应和帮助。社会支持通常包括信息支持与情感支持两个维度。

信息支持指的是为用户提供建议和指导等有助于解决问题的信息,以帮助其应对困境或提供一定的思路。信息时代下人们对信息服务的要求越来越高,良好的信息支持更容易获得用户的认可,提升用户体验。在线下社区,成员之间定期互动,交换信息,寻求建议,而这一过程也发生在虚拟社区中。社区成员之间的信息交流和沟通有助于成员之间建立信任,发展虚拟社区感。在线音乐社区为用户提供了大量免费的音乐资源,用户可以轻松获取自己喜爱的音乐。多数音乐社区开辟了评论和动态版块,以便于用户互相交换信息、寻求帮助。这些信息支持将有助于用户获取其所需的音乐知识,从而改善用户体验,提高其对社区的归属感和认同感。因此,本研究假设:

H1:信息支持显著影响用户体验。

H2:信息支持显著影响虚拟社区感。

情感支持反映了社区其他用户提供的情感上的支持,如关心、鼓励、同情等,这能帮助用户得到心理上的慰藉,有利于间接解决问题。用户可以通过在线社区获得与他人情感上的联系与满足,用户得到的情感支持可以帮助他们获得愉悦性、自豪感等良好的用户体验。虚拟社区可以提供情感支持,用户通常依赖在线社区来与他人保持情感联系,协调他们的活动,提供情感支持对社区依恋感有积极的影响。在线音乐社区中的用户可以通过在社区中的动态了解彼此,"一起听"功能可以匹配音乐同好,让社区用户产生共鸣,使得用户更容易获得沉浸体验,让他们对社区产生强烈的认同和归属感。因此,本研究假设:

H3:情感支持显著影响用户体验。

H4:情感支持显著影响虚拟社区感。

9.2.2 用户体验

用户体验是用户和产品交互过程中产生的情感和期望。在线音乐社区用户体验反映了社区是否便于用户获取符合自己喜好的音乐,是否能让用户产生愉悦感。宁连举与冯鑫提出,用户体验是社区用户通过交流与互动而形成的对社区的认识与主观感知[337],一般情况下,良好的用户体验会使用户更愿意与其他用户进行社会互动,由此增强用户的社区感。代宝与刘业政研究发现,微信的用户体验影响其满意度和持续使用意愿。[338]宋金倩认为用户体验影响线上知识付费用户的持续使用意愿。[339]在线音乐社区通过提供个性化、专业的服务来改善用户体验。例如网易云音乐社区的"私人 FM"和"每日推荐"针对用户需求,为每个用户生成独一无二的歌单,在为用户提供良好体验的同时建立用户对该社区的依赖感。在市场上存在多个同质性在线音乐社区时,用户更愿意选择能为自己带来良好体验的社区。因此,本研究假设:

H5:用户体验显著影响虚拟社区感。

H6:用户体验显著影响持续使用意愿。

9.2.3 虚拟社区感

虚拟社区感由社区感发展而来,包括成员感、影响力、需求满足、情感联结。Teo 等的研究表明,成员感对虚拟学习社区使用意愿有显著影响。[340] 申光龙等研究了顾客参与价值共创过程中虚拟社区感的作用,结果表明影响力显著影响顾客参与价值共创的意愿。[328] 社会影响理论也认为单个用户行为会受到社区其他成员的影响。Welbourne 等发现,由于社区成员存在需求满足,虚拟社区感会促使社区成员对在线社区的持续使用。[341] 此外,用户之间的情感联结将有助于建立对社区的认同感和归属感,从而促进其持续行为。在线音乐社区中有归属感的成员会更加活跃,这些成员更加乐于参与社区的各类活动,在社区中分享音乐动态,对其他成员的动态进行点赞与评论。另外,如果成员是一名具有影响力的音乐人,那么他的行为会影响更多的社区成员,该成员可能会产生成就感而更多地使用该社区,音乐社区的用户为了追随自己喜欢的音乐人也会更多地使用音乐人所入驻的音乐社区。在线音乐社区最基础的功能是提供音乐服务,但如果在线音乐社区在满足社区用户对音乐的需求之外,还能很好地满足用户的社交、情感、解惑等需求,那么用户会更多地使用该社区。因此,本研究假设:

H7:虚拟社区感显著影响持续使用意愿。

研究模型见图 9.1。

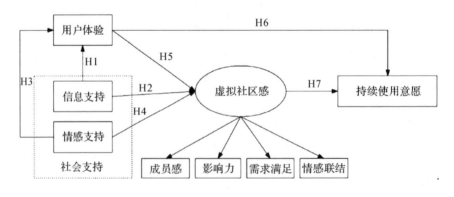

图 9.1　研究模型

9.3　数据收集与分析

9.3.1　问卷设计与数据收集

问卷测量指标采用李克特五级量表,每个变量均由多个测量指标反映,同时为了保证量表的内容效度,所有指标均改编于国外已有文献。表 9.1 列出了测量指标。

表 9.1　测量指标及来源

变　量	指　标	指标内容	来　源
信息支持 （ISP）	ISP1	我在社区求助时,社区成员会帮我找原因并给我提供建议。	[181]
	ISP2	我在社区求助时,社区成员会向我提供有助于解决问题的信息。	
	ISP3	我在社区求助时,社区成员会为我提供具体方案。	
情感支持 （ESP）	ESP1	我在社区求助时,社区成员会表示关切。	
	ESP2	我在社区求助时,社区成员会安慰和鼓励我。	
	ESP3	我在社区求助时,社区成员愿意倾听我的感受。	
	ESP4	我在社区求助时,社区成员表示会帮我。	
成员感 （MBS）	MBS1	我很自豪成为这个社区的一员。	
	MBS2	我加入该社区时间较长。	
	MBS3	加入该社区让我感到归属感。	

续表

变　量	指　标	指标内容	来　源
影响力 （INP）	INP1	社区成员会影响我的思想和活动。	[342]
	INP2	我的帖子会得到其他成员的积极回复和响应。	
	INP3	我的意见对其他成员很重要。	
	INP4	我关注其他成员的观点和看法。	
需求满足 （NES）	NES1	该社区能较好满足我的情感需求。	
	NES2	在该社区中，我可以向其他成员寻求帮助并获得帮助。	
	NES3	在该社区投入时间和精力是值得的。	
	NES4	社区成员都很关心我。	
情感联结 （ECN）	ECN1	我喜欢和社区其他成员一起交流互动。	
	ECN2	我在该社区中被其他成员很好地理解。	
	ECN3	我在该社区有一种亲近的感觉。	
用户体验 （UE）	UE1	该社区使用很方便。	[56]
	UE2	参与该社区令我很愉悦。	
	UE3	我在该社区中实现了自我价值。	
持续使用 意愿（CI）	CI1	我会继续访问该社区。	[343]
	CI2	我会一直定期访问该社区。	
	CI3	即使其他同类社区提供的功能更好，我可能仍然会留在该社区。	

　　研究通过"问卷星"在线发放问卷，历时 3 周，共回收 325 份有效问卷。其中男性比例为 38.24%，女性比例为 61.76%；67.71% 的用户年龄在 20～29 岁；67.99% 的用户具有本科及以上学历。用户经常使用的在线音乐社区包括 QQ 音乐（64.31%）、酷狗音乐（56.09% ）、网易云音乐（51.56% ）、酷我音乐（45.33%）、中国原创音乐基地 5SING（16.43%）等。77.62% 的用户使用在线音乐社区一年以上，且有 49.86% 的用户每天使用在线音乐社区半小时以上。

9.3.2 数据分析与结果

首先对测量模型进行分析。表 9.2 显示各因子的 Alpha 系数均大于 0.7,各因子的标准负载均大于 0.7,AVE 值均高于 0.5,CR 值均高于 0.7,说明量表的信度与收敛效度较好,表 9.3 显示 AVE 的平方根均大于相关系数,说明区分效度较好。

表 9.2　CFA 结果

因　子	指　标	标准负载	AVE	CR	Alpha
信息支持（ISP）	ISP1	0.877	0.763	0.906	0.882
	ISP2	0.882			
	ISP3	0.862			
情感支持（ESP）	ESP1	0.871	0.758	0.926	0.915
	ESP2	0.885			
	ESP3	0.857			
	ESP4	0.869			
成员感（MBS）	MBS1	0.889	0.782	0.915	0.894
	MBS2	0.899			
	MBS3	0.865			
影响力（INP）	INP1	0.877	0.756	0.925	0.915
	INP2	0.890			
	INP3	0.836			
	INP4	0.874			
需求满足（NES）	NES1	0.876	0.760	0.927	0.916
	NES2	0.893			
	NES3	0.838			
	NES4	0.878			

续表

因　子	指　标	标准负载	AVE	CR	Alpha
情感联结 （ECN）	ECN1	0.882	0.775	0.912	0.890
	ECN2	0.897			
	ECN3	0.861			
用户体验 （UE）	UE1	0.884	0.772	0.910	0.891
	UE2	0.887			
	UE3	0.865			
持续使用 意愿（CI）	CI1	0.883	0.769	0.909	0.886
	CI2	0.895			
	CI3	0.853			

表 9.3　各因子的相关系数及 AVE 的平方根

	ISP	ESP	MBS	INP	NES	ECN	UE	CI
ISP	**0.874**							
ESP	0.156	**0.871**						
MBS	0.243	0.241	**0.884**					
INP	0.271	0.268	0.222	**0.869**				
NES	0.262	0.259	0.214	0.239	**0.870**			
ECN	0.225	0.223	0.185	0.198	0.198	**0.880**		
UE	0.309	0.210	0.255	0.284	0.275	0.236	**0.879**	
CI	0.238	0.236	0.195	0.217	0.210	0.181	0.253	**0.877**

之后使用 AMOS 软件对结构模型进行分析，结果见图 9.2。表 9.4 列出了部分模型拟合指数值，显示模型具有较好的拟合优度。虚拟社区感、用户体验和持续使用意愿被解释的方差比例分别是 63%、12% 和 19%。

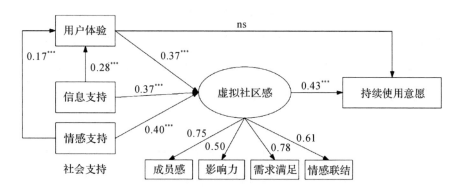

图 9.2　路径系数和显著性水平

表 9.4　模型拟合指数推荐值和实际值

	χ^2/df	GFI	AGFI	CFI	NFI	RMSEA
推荐值	<3	>0.9	>0.8	>0.9	>0.9	<0.08
实际值	1.137	0.930	0.915	0.992	0.939	0.021

9.4　研究结果与启示

9.4.1　研究结果

　　基于虚拟社区感理论,本章研究了在线音乐社区用户持续使用意愿。由图 9.2 可知,除 H6 不成立外,其他假设均得到验证。研究发现,社会支持、用户体验显著影响虚拟社区感,进而决定持续使用意愿。具体分析如下:

　　社会支持方面,信息支持和情感支持都对虚拟社区感有显著影响。相对于信息支持,情感支持对虚拟社区感的影响更强。这可能是因为,在线音乐社区中用户尽管也会通过评论、歌单等准确、便捷地获得需要的音乐,了解相关信息,但音乐往往更容易引发人们内心的情感,用户更愿意在音乐评论中倾诉

197

自己的故事,从而可以通过在线音乐社区与其他用户建立友谊,获得与他人情感上的联系与满足。社区提供的情感支持让用户感受到被关切与尊重,因而建立起对社区的社区感和认同感。而相对于情感支持,信息支持对用户体验的作用更大,显示用户在评价社区体验时是实用导向的,非常关注能否获得有用的信息。

虚拟社区感的 4 个维度中,需求满足和成员感的负载较高。这说明社区用户渴望在社区中满足自身需求。以网易云音乐为例,该在线音乐社区中的用户可以通过点赞、评论等互动建立紧密连接,此外,用户还可以在"云村"发布 mlog(音乐博客),在其中聚合讨论,找到有共同兴趣的用户。听到有情感共鸣的音乐时,用户往往会产生强烈的分享欲望,"云村"恰恰满足了用户情感释放的需求。在线音乐社区通过不断地丰富自身的内容生态,帮助用户更好地发现音乐、分享音乐,凭借有趣温暖的社区氛围,让用户以成为该社区的一员而自豪,满足用户的归属感与参与感,使社区与用户之间保持长期、稳定的关系,从而促进其持续使用意愿和行为。

研究显示用户体验显著影响虚拟社区感,良好的用户体验会使用户更愿意与其他用户进行社会互动。但研究没有发现用户体验对持续使用意愿的直接作用,这可能是因为随着互联网的高速发展,近年来在线音乐社区发展迅猛,功能趋于完善,用户在使用大部分在线音乐社区时都能方便快捷地获取符合自己喜好的音乐,用户体验没有明显区别。另外,本研究的调查对象主要为年轻用户,他们具备较高的自我效能,能够轻松地在多个不同的在线音乐社区之间转换,他们可能为了新鲜感而使用不同的社区,而不大关注社区的使用体验。

研究表明用户体验通过虚拟社区感间接影响持续使用意愿,显示虚拟社区感中介了用户体验对用户持续使用意愿的作用。用户体验只有在提高虚拟社区感的情况下才能影响用户持续使用意愿。用户在社区中的体验越好,用户对社区的认同感和归属感就越强,与其他用户联系就越紧密,从而愿意持续使用该音乐社区。

9.4.2　启示

研究结果启示社区管理者：

其一，注重营造社区的支持性氛围，鼓励用户彼此之间的情感、信息交流。保持并发展乐评这一音乐社区独有的情感释放版块，心理慰藉能够使用户感受到更多的人情味，更容易实现用户留存。此外要严格审核社区内用户发布的信息，提高信息可信度，才会有更多用户愿意通过社区进行信息交流。

其二，增强用户体验。优化社区平台和交互功能，如根据用户偏好和使用习惯向其推荐个性化音乐，让用户拥有更好的体验。

其三，重视用户的虚拟社区感。在线音乐社区作为连接用户与用户、用户与社区的平台，需要培养用户进行音乐分享与互动的习惯、关注用户的情感需求来实现快速发展。

本研究的调查对象年龄主要集中在 20～29 岁，尽管在线音乐社区的年轻用户占比较高，但对中老年群体等其他样本的调查研究，会带来更丰富的研究结果。而且除本研究所考察的虚拟社区感对用户持续使用意愿的影响，其他因素如社会影响、平台质量等对用户持续使用意愿的影响尚待进一步研究。

参考文献

[1] HIPPEL E V. The source of innovation[M]. London and New York: Oxford University Press, 1988.

[2] CHESBROUGH H W. Why companies should have open business models[J]. MIT Sloan Management Review, 2007, 48(2): 22.

[3] DI GANGI P M, WASKO M. Steal my idea! Organizational adoption of user innovations from a user innovation community: A case study of Dell IdeaStorm [J]. Decision Support Systems, 2009, 48(1): 303-312.

[4] MCCULLAGH K. Blogging: Self presentation and privacy[J]. Information & Communications Technology Law, 2008, 17(1): 3-23.

[5] FICHTER K. Innovation communities: The role of networks of promotors in Open Innovation[J]. R&D Management, 2009, 39(4): 357-371.

[6] SCHRÖDER A, HÖLZLE K. Virtual communities for innovation: Influence factors and impact on company innovation[J]. Creativity and Innovation Management, 2010, 19(3): 257-268.

[7] BLOHM I, KROGLU O, LEIMEISTER J M, et al. Absorptive capacity for open innovation communities-learnings from theory and practice[C]. San Antonio, Texas: Academy of Management Annual Meeting, 2011.

[8] WEST J, LAKHANI K R. Getting clear about communities in open innovation[J]. Industry and Innovation, 2008, 15(2): 223-231.

[9] LEE H, SUH Y. Who creates value in a user innovation community? A case study of MyStarbucksIdea. com[J]. Online Information Review, 2016, 40(2): 170-186.

[10] GEISE F A. Integration of consumers into new product development by social media-based crowdsourcing-findings from the consumer goods industry in Germany[M]. Wiesbaden:Springer Gabler,2017.

[11] 张克永. 开放式创新社区知识共享研究[D]. 长春:吉林大学,2017.

[12] GRANOVETTER M. Economic action and social structure:The problem of embeddedness[J]. American Journal of Sociology,1985,91(3):481-510.

[13] COLEMAN J S. Social capital in the creation of human capital[J]. American Journal of Sociology,1988,94:95-120.

[14] WOOLCOCK M. The place of social capital in understanding social and economic outcomes[J]. Canadian Journal of Policy Research,2001,2(1):11-17.

[15] NAHAPIET J, GHOSHAL S. Social capital,intellectual capital,and the organizational advantage[J]. The Academy of Management Review,1998,23(2):242-266.

[16] OKOLI C,OH W. Investigating recognition-based performance in an open content community:A social capital perspective[J]. Information & Management,2007,44(3):240-252.

[17] WIENER D N. Subtle and obvious keys for The MMPI[J]. Journal of Consulting Psychology,1948,45(6):164-170.

[18] HOFFMAN D L,NOVAK T P. Marketing in hypermedia computer-mediated environments:Conceptual foundations[J]. Journal of Marketing,1996,60(3):50-68.

[19] WELBOURNE J,BLANCHARD A,BOUGHTON M. Supportive communication,sense of virtual community and health outcomes in online infertility groups [C]. University Park (ACM): The 4th International Conference on Communities&Technologies,2009.

[20] 檀齐. 知识付费用户行为机理研究[D]. 杭州:杭州电子科技大学,2019.

[21] XIANG L,ZHENG X,LEE M K O,et al. Exploring consumers' impulse

buying behavior on social commerce platform：The role of parasocial interaction［J］. International Journal of Information Management，2016，36(3)：333-347.

［22］KURUCAY M，INAN F A. Examining the effects of learner-learner interactions on satisfaction and learning in an online undergraduate course[J]. Computers & Education,2017,115：20-37.

［23］WANG Y,YU C. Social interaction-based consumer decision-making model in social commerce：The role of word of mouth and observational learning[J]. International Journal of Information Management,2017,37(3)：179-189.

［24］陈良煌.开放式创新社区用户参与行为影响因素的实证研究[D].南昌：江西师范大学,2015.

［25］郭伟,王洋洋,梁若愚,等.开放式创新社区中用户交互反馈对个体创新贡献度的影响[J].科技进步与对策,2018,35(3)：146-152.

［26］DELONE W H,MCLEAN E R. Information systems success：The quest for the dependent variable[J]. Information Systems Research,1992,3(1)：60-95.

［27］PITT L F,WATSON R T,KAVAN C B. Service quality：A measure of information systems effectiveness[J]. MIS Quarterly,1995,19(2)：173-187.

［28］CSIKSZENTMIHALYI M. Beyond boredom and anxiety[M]. San Francisco, CA：Jossey-Bass,1975.

［29］CHEN H,WIGAND R T,NILAN M S. Optimal experience of web activities [J]. Computers in Human Behavior,1999,15(5)：585-608.

［30］WEBSTER J,TREVINO L K,RYAN L. The dimensionality and correlates of flow in human-computer interactions［J］. Computers in Human Behavior, 1993,9(4)：411-426.

［31］FLECKNOE M. Target setting：Will it help to raise achievement? ［J］. Educational Management & Administration,2001,29(2)：217-228.

［32］NOVAK T P, HOFFMAN D L, YUNG Y-F. Measuring the customer experience in online environments：A structural modeling approach ［J］.

Marketing Science,2000,19(1):22-42.

[33] ZHOU T,LI H X,LIU Y. The effect of flow experience on mobile SNS users' loyalty[J]. Industrial Management & Data Systems,2010,110(5-6):930-946.

[34] 王新新,陈润奇.流体验理论在网络购物中的应用:研究现状评介与未来展望[J].外国经济与管理,2010,32(11):50-57.

[35] 叶晓茵.互动感知、体验价值对社交网站用户参与行为的影响研究[D].华侨大学,2015.

[36] DEUTSCH M. Trust and suspicion[J]. Journal of Conflict Resolution,1958, 2(4):265-279.

[37] CARDOZO R N. An experimental study of customer effort,expectation,and satisfaction[J]. Journal of Marketing Research,1965,2(3):244-249.

[38] OLIVER R L. A cognitive model of the antecedents and consequences of satisfaction decisions[J]. Journal of Marketing Research, 1980, 17 (4): 460-469.

[39] KOTLER P,FOX K F A. Strategic marketing for educational institutions[M]. Upper Saddle River:Prentice Hall,1995.

[40] TSAI W,GHOSHAL S. Social capital and value creation:An empirical study of intrafirm networks[J]. Academy of Management Journal,1998,41(4): 464-476.

[41] PHANG C W,ZHANG C,SUTANTO J. The influence of user interaction and participation in social media on the consumption intention of niche products[J]. Information & Management,2013,50(8):661-672.

[42] CHANG C-C. Examining users' intention to continue using social network games: A flow experience perspective[J]. Telematics and Informatics,2013,30(4): 311-321.

[43] 王婷婷,戚桂杰,张雅琳,等.开放式创新社区用户持续性知识共享行为研究[J].情报科学,2018,36(2):139-145.

[44] LIANG C-J, CHEN H-J. A study of the impacts of website quality on

customer relationship performance[J]. Total Quality Management & Business Excellence,2009,20(9):971-988.

[45] ROUSSEAU D M,SITKIN S B,BURT R S,et al. Not so different after all:A cross-discipline view of trust[J]. Academy of Management Review,1998,23(3):393-404.

[46] 周涛,檀齐,BAYAN T,等. 社会交互对用户知识付费意愿的作用机理研究[J]. 图书情报工作,2019,63(4):94-100.

[47] WICKS A C,BERMAN S L,JONES T M. The structure of optimal trust:Moral and strategic implications[J]. The Academy of Management Review,1999,24(1):99-116.

[48] 楼天阳,陆雄文. 虚拟社区与成员心理联结机制的实证研究:基于认同与纽带视角[J]. 南开管理评论,2011,14(2):14-25.

[49] CHEN X Y,HUANG Q,DAVISON R M. The role of website quality and social capital in building buyers' loyalty [J]. International Journal of Information Management,2017,37(1):1563-1574.

[50] GUO Y M,POOLE M S. Antecedents of flow in online shopping:A test of alternative models[J]. Information Systems Journal,2009,19(4):369-390.

[51] DELONE W H,MCLEAN E R. Measuring e-commerce success:Applying the DeLone & McLean information systems success model[J]. International Journal of Electronic Commerce,2004,9(1):31-47.

[52] SHANG S S C,WU Y-L,SIE Y-J. Generating consumer resonance for purchase intention on social network sites[J]. Computers in Human Behavior,2017,69:18-28.

[53] HSIAO C-C,CHIOU J-S. The effect of social capital on community loyalty in a virtual community:Test of a tripartite-process model[J]. Decision Support Systems,2012,54(1):750-757.

[54] LU Y,YANG D. Information exchange in virtual communities under extreme disaster conditions[J]. Decision Support Systems,2011,50(2):529-538.

[55] CHIU C-M,HSU M-H,WANG E T G. Understanding knowledge sharing in virtual communities: An integration of social capital and social cognitive theories[J]. Decision Support Systems,2006,42(3):1872-1888.

[56] HSU M-H,JU T L,YEN C-H,et al. Knowledge sharing behavior in virtual communities: The relationship between trust, self-efficacy, and outcome expectations[J]. International Journal of Human-Computer Studies,2007,65 (2):153-169.

[57] ZHOU T. An empirical examination of continuance intention of mobile payment services[J]. Decision Support Systems,2013,54(2):1085-1091.

[58] CHEN J,ZHANG C,XU Y. The role of mutual trust in building members' loyalty to a C2C platform provider[J]. International Journal of Electronic Commerce,2009,14(1):147-171.

[59] SUN Y, FANG Y, LIM K H,et al. User satisfaction with information technology service delivery: A social capital perspective [J]. Information Systems Research,2012,23(4):1195-1211.

[60] LIN H-F. Effects of extrinsic and intrinsic motivation on employee knowledge sharing intentions[J]. Journal of Information Science,2007,33(2):135-149.

[61] LU Y,ZHOU T,WANG B. Exploring Chinese users' acceptance of instant messaging using the theory of planned behavior, the technology acceptance model,and the flow theory[J]. Computers in Human Behavior,2009,25(1): 29-39.

[62] SWAN M. Emerging patient-driven health care models: An examination of health social networks,consumer personalized medicine and quantified self-tracking [J]. International Journal of Environmental Research and Public Health, 2009,6(2):492-525.

[63] EIJK M,FA BER M J,AARTS J W,et al. Using online health communities to deliver patient-centered care to people with chronic conditions[J]. Journal of Medical Internet Research,2013,15(6):e115.

［64］ FAN H,LEDERMAN R,SMITH S P,et al. How trust is formed in online health communities:A process perspective[J]. Communications of the Association for Information Systems,2014,34(1):531-560.

［65］ 张星,夏火松,陈星,等.在线健康社区中信息可信性的影响因素研究[J].图书情报工作,59(22):88-104.

［66］ WU H,LU N. Service provision,pricing,and patient satisfaction in online health communities[J]. International Journal of Medical Informatics,2017,110:77-89.

［67］ LIU X, SUN M, LI J. Research on gender differences in online health communities[J]. International Journal of Medical Informatics, 2018, 111: 172-181.

［68］ MPINGANJIRA M. Willingness to reciprocate in virtual health communities:The role of social capital, gratitude and indebtedness[J]. Service Business, 2018, 13(2):269-287.

［69］ 范昊,张玉晨,吴川徽.网络健康社区中健康信息传播网络及主题特征研究[J].情报科学,2021,39(1):4-34.

［70］ 周涛,王盈颖,邓胜利.在线健康社区用户知识分享行为研究[J].情报科学,2019,37(4):72-78.

［71］ 张薇薇,蒋雪.在线健康社区用户参与行为的影响因素研究综述[J].图书情报工作,2020,64(7):136-145.

［72］ 翟姗姗,潘英增,胡畔,等.UGC挖掘中的在线医疗社区分面体系构建与实现[J].图书情报工作,2020,64(9):114-121.

［73］ 吴菊华,王煜,黎明,等.基于加权知识网络的在线健康社区用户知识发现[J].数据分析与知识发现,2019,3(2):108-117.

［74］ 胡敏.在线健康社区信息服务质量评价指标体系研究[J].内蒙古科技与经济,2020(18):20-32.

［75］ 张星,陈星,夏火松,等.在线健康社区中用户忠诚度的影响因素研究:从信息系统成功与社会支持的角度[J].情报科学,2016,34(3):133-160.

［76］ 张帅,王文韬,谢阳群.在线健康社区用户持续参与行为的演化规律及动力机

制[J].现代情报,2021,41(5):59-66.

[77] 张星,陈星,侯德林.在线健康信息披露意愿的影响因素研究:一个集成计划行为理论与隐私计算的模型[J].情报资料工作,2016(1):48-53.

[78] KORDZADEH N, WARREN J, SEIFI A. Antecedents of privacy calculus components in virtual health communities [J]. International Journal of Information Management,2016,36(5):724-734.

[79] 张海涛,崔阳,王丹,等.基于概念格的在线健康社区用户画像研究[J].情报学报,2018,37(9):912-922.

[80] 吴冰,彭彧.在线健康社区中基于用户属性的时序交互模式研究[J].知识管理论坛,2019,4(3):163-172.

[81] 盛姝,黄奇,郑姝雅,等.在线健康社区中用户画像及主题特征分布下信息需求研究:以医享网结直肠癌圈数据为例[J].情报学报,2021,40(3):308-320.

[82] 周涛,王盈颖,邓胜利.基于社会资本理论的在线健康社区用户参与行为研究[J].信息资源管理学报,2020,10(2):59-67.

[83] 卢新元,代巧锋,王雪霖,等.考虑医患两类用户的在线健康社区知识共享演化博弈分析[J].情报科学,2020,38(1):53-61.

[84] YAN Z, WANG T, CHEN Y, et al. Knowledge sharing in online health communities:A social exchange theory perspective [J]. Information & Management,2016,53(5):643-653.

[85] ZHANG X,LIU S,DENG Z,et al. Knowledge sharing motivations in online health communities:A comparative study of health professionals and normal users[J].Computers in Human Behavior,2017,75:797-810.

[86] 张敏,刘雪瑞,张艳.在线健康社区用户诊疗信息求助行为形成机理的概念模型:基于扎根理论的探索性研究[J].情报科学,2019,37(4):22-28.

[87] 张敏,马臻,张艳.在线健康社区中用户主观知识隐藏行为的形成路径[J].情报理论与实践,2018,41(10):111-117.

[88] 霍豪爽,张帆,张军亮,等.基于社会认知理论的在线健康社区用户持续使用行为影响因素[J].中华医学图书情报杂志,2019,28(6):55-62.

[89] 孙悦,张华,韩睿哲.基于 DEMATEL 的在线健康社区中老年人持续信息采纳行为研究[J].长春工程学院学报(自然科学版),2018,19(3):76-78.

[90] ZHAO J,HA S,WIDDOWS R. Building trusting relationships in online health communities[J]. Cyberpsychol Behav Soc Netw,2013,16(9):650-657.

[91] 艾瑞咨询.2020 年中国知识付费行业发展专题研究报告[R/OL].(2021-11-01)[2020-12-25]. http://www.iimedia.cn/c400/76060.html.

[92] 邹伯涵,罗浩.知识付费:以开放、共享、付费为核心的知识传播模式[J].新媒体研究,2017,3(11):110-112.

[93] 卢春天,马溯川,孔芸.知识付费:特征、成因与影响[J].中国青年研究,2020(10):5-11.

[94] 黄玮,徐崇铭.知识付费行业的发展环境及发展策略研究[J].三明学院学报,2020,37(1):14-20.

[95] 耿心宇.知识付费产品特征及发展趋势[J].中国报业,2020(10):10-11.

[96] 董大海,权小妍,曲晓飞.顾客价值及其构成[J].大连理工大学学报(社会科学版),1999(4):18-20.

[97] 方爱华,陆朦朦,刘坤锋.虚拟社区用户知识付费意愿实证研究[J].图书情报工作,2018,62(6):105-115.

[98] 李武,艾鹏亚,谢蓉.基于感知价值视角的在线付费问答平台用户付费意愿研究[J].图书情报知识,2018(4):4-14.

[99] 张颖,朱庆华.付费知识问答社区中提问者的答主选择行为研究[J].情报理论与实践,2018,41(12):21-26.

[100] HSIAO KUO-LUN. Why internet users are willing to pay for social networking services[J]. Online Information Review,2011,35(5):770-788.

[101] FISHBEIN M,AJZEN I. Belief,Attitude,intention and behavior:An introduction to theory and research[M]. Reading Mass:Addison-Wesley Pub. Co,1975.

[102] DAVIS F D. A Technology acceptance model for information systems:Theory & results[D]. Massachusetts:Massachusetts Institute of Technology,1986.

[103] AJZEN I. The theory of planned behavior[J]. Organizational Behavior and

Human Decision Processes,1991,50(2):179-211.

[104] 翁小颖.大学生群体知识付费平台使用意愿实证研究[J].创新科技,2018,18(3):70-73.

[105] 李钢,卢艳强,滕树元.用户在线知识付费行为研究:基于计划行为理论[J].图书馆学研究,2018(10):49-60.

[106] 赵杨,袁析妮,李露琪,等.基于社会资本理论的问答平台用户知识付费行为影响因素研究[J].图书情报知识,2018(4):15-23.

[107] 赵庆亮,王培勇,陈吉.付费问答社区用户围观行为研究[J].数字图书馆论坛,2019(11):12-20.

[108] 赵宇翔,刘周颖,朱庆华.从免费到付费:认知锁定对在线问答平台中提问者转移行为的影响研究[J].情报学报,2020,39(5):534-546.

[109] CHEUNG C M K,LEE M K O. A Theoretical model of intentional social action in online social networks[J]. Decision Support Systems,2010,1(49):24-30.

[110] DEUTSCH M,GERARD H B. A study of normative and informational social influences upon individual judgment[J]. Journal of Abnormal & Social Psychology,1955,51(3):629-636.

[111] KASSARJIAN H H. Personality and consumer behavior:A review[J]. Journal of Marketing Research,1971,8(4):409-418.

[112] KELMAN H C. Processes of opinion change[J]. Public Opinion Quarterly,1961(1):57-78.

[113] ZHOU T. Understanding online community user participation:A social influence perspective[J]. Internet Research,2011,21(1):67-81.

[114] SHEN A X,CHEUNG C M,LEE M K,et al. How social influence affects we-intention to use instant messaging:The moderating effect of usage experience[J]. Information Systems Frontiers,2011,13(2):157-169.

[115] 张洪.社会化商务环境下顾客交互行为研究[D].武汉:华中科技大学,2014.

[116] ZHOU T,LI H X. Understanding mobile SNS continuance usage in China

from the perspectives of social influence and privacy concern[J]. Computers in Human Behavior,2014,37:283-289.

[117] TSAI H-T, BAGOZZI R P. Contribution behavior in virtual communities: Cognitive,emotional,and social influences[J]. MIS Quarterly,2014,38(1): 143-163.

[118] CHOU C H, WANG Y S, TANG T I. Exploring the determinants of knowledge adoption in virtual communities: A social influence perspective[J]. International Journal of Information Management,2015,35(3):364-376.

[119] KUAN K K Y, ZHONG Y, CHAU P Y K. Informational and normative social influence in group-buying: Evidence from self-reported and EEG data[J]. Journal of Management Information Systems,2014,30(4):151-178.

[120] PORTER M E. Competitive advantage: Creating and sustaining superior performance[J]. Revista de Administracão de Empresas,1985,25(2):82-84.

[121] WOODRUFF R. Customer value: The next source for competitive advantage [J]. The Academy of Marketing Science,1997,25(2):139-153.

[122] ZEITHAML V A. Consumer perceptions of price, quality, and value: A means-end model and synthesis of evidence[J]. Journal of Marketing, 1988, 52(3):2-22.

[123] 崔智斌,涂艳.基于感知价值及动机理论的付费知识持续贡献行为研究:以知乎 Live 为例[J].知识管理论坛,2020,5(6):398-406.

[124] SWEENEY J C,SOUTAR G N. Consumer perceived value: The development of a multiple item scale. [J]. Journal of Retailing,2001,77(2):203-220.

[125] KIM H W,GUPTA S,KOH J. Investigating the intention to purchase digital items in social networking communities: A customer value perspective[J]. Information & Management,2011,48(6):228-234.

[126] HOLBROOK M B. Consumer value: A framework for analysis and research[J]. Advances in Consumer Research,1996,23(1):138-142.

[127] SHETH J N,NEWMAN B I,GROSS B L. Why we buy what we buy: A

theory of consumption values[J]. Journal of Business Research,1991,22(2):
159-170.

[128] PETRICK J F. Development of a multi-dimensional scale for measuring the perceived value of a service[J]. Journal of Leisure Research,2002,34(2):119-134.

[129] 龚主杰,赵文军,熊曙初.基于感知价值的虚拟社区成员持续知识共享意愿研究[J].图书与情报,2013(5):89-94.

[130] 梅蕾,蒋跃超.基于结构方程模型的顾客价值与顾客忠诚关系研究[J].理论月刊,2013(10):112-117.

[131] 刘刚,拱晓波.顾客感知价值构成型测量模型的构建[J].统计与决策,2007(22):131-133.

[132] LIN C H,ZI B. Escalation of loyalty and the decreasing impact of perceived value and satisfaction over time[J]. Journal of Electronic Commerce Research,2013,14(4):348-362.

[133] 吴江,李姗姗.在线健康社区用户信息服务使用意愿研究[J].情报科学,2017,35(4):119-125.

[134] 张鹤冰,李春玲,魏胜.在线顾客感知质量、感知价值对购买意愿的影响:基于消费者异质性视角[J].企业经济,2020(5):113-121.

[135] HSIAO C H,CHANG J J,TANG K Y. Exploring the influential factors in continuance usage of mobile social Apps:Satisfaction, habit, and customer value perspectives[J]. Telematics and Informatics,2016,33(2):342-355.

[136] 郑交亮,卢宝周.移动社交网络平台用户参与影响因素研究[J].企业经济,2019,38(3):88-95.

[137] ROTTER J B. Generalized expectancies for interpersonal trust[J]. American Psychologist,1971,26(5):443-452.

[138] LA PORTA R,LOPEZ-DE-SILANES F,SHLEIFER A,et al. Trust in large organizations[J]. American Economic Review Papers and Proceedings,1997,87(2):333-346.

[139] CORRITORE K B. Online trust: Concepts, evolving themes, a model[J]. International Journal of Human-Computer Studies,2003,58(6):737-758.

[140] PAVLOU A P. Consumer acceptance of electronic commerce: Integrating trust and risk with the technology acceptance model[J]. International Journal of Electronic Commerce,2003,7(3):101-134.

[141] XU J,CENFETELLI R T,AQUINO K. Do different kinds of trust matter? An examination of the three trusting beliefs on satisfaction and purchase behavior in the buyer-seller context[J]. The Journal of Strategic Information Systems,2016,25(1):15-31.

[142] MCKNIGHT D H, CHOUDHURY V, KACMAR C. Developing and validating trust measures for e-commerce: An integrative typology[J]. Information Systems Research,2002,13(3):334-359.

[143] MCALLISTER D J. Affect-and cognition-based trust as foundations for interpersonal cooperation in organizations[J]. Academy of Management Journal,1995,38(1):24-59.

[144] HSIAO K,LIN C J,WANG X,et al. Antecedents and consequences of trust in online product recommendations: An empirical study in social shopping [J]. Online Information Review,2010,34(6):935-953.

[145] LU Y B, ZHAO L, WANG B. From virtual community members to C2C e-commerce buyers: Trust in virtual communities and its effect on consumers' purchase intention[J]. Electronic Commerce Research and Applications, 2010,9(4):346-360.

[146] GEFEN D,KARAHANNA E,STRAUB D W. Trust and TAM in online shopping: An integrated model[J]. MIS Quarterly,2003,27(1):51-90.

[147] CHANG H H, CHUANG S S. Social capital and individual motivations on knowledge sharing: Participant involvement as a moderator[J]. Information & Management,2011,48(1):9-18.

[148] CHEN R,SHARMA S K,RAGHAV RAO H. Members' site use continuance on

Facebook: Examining the role of relational capital[J]. Decision Support Systems, 2016,90:86-98.

[149] 李文婷. 在线知识付费平台用户持续使用意向影响因素实证研究[J]. 江苏科技信息,37(5):7-9.

[150] 彭昱欣,邓朝华,吴江. 基于社会资本与动机理论的在线健康社区医学专业用户知识共享行为分析[J]. 数据分析与知识发现,2019,3(4):63-70.

[151] ZHAO Y,NI Q,ZHOU R. What factors influence the mobile health service adoption? A meta-analysis and the moderating role of age[J]. International Journal of Information Management,2018,43:342-350.

[152] FAN H,LEDERMAN R,ROWE F,et al. Online health communities: How do community members build the trust required to adopt information and form close relationships? [J]. European Journal of Information Systems,2017,27(1): 62-89.

[153] STEWART K J. Trust transfer on the world wide web[J]. Organization Science, 2003,14(1):5-17.

[154] LEE K C,KANG I W,MCKNIGHT D H. Transfer from offline trust to key online perceptions: An empirical study[J]. IEEE Transactions on Engineering Management,2007,54(4):729-741.

[155] 王国顺,杨晨. 实体和网络零售下消费者的信任转移与渠道迁徙[J]. 中南大学学报(社会科学版),2014,20(4):9-16.

[156] 张辉. 消费者信任转移研究:企业线下信任如何促进在线购买[J]. 商业时代,2011(36):28-30.

[157] 秦芬,严建援. 如何利用微信订阅号建立信任:基于信任转移[J]. 企业经济,2020(3):90-97.

[158] 陈蕾,王瑞梅. 社会化电子商务下社交网络平台消费者网购意愿实证分析:基于信任转移视角[J]. 商业经济研究,2016(23):65-67.

[159] 杜智涛,徐敬宏. 从需求到体验:用户在线知识付费行为的影响因素[J]. 新闻与传播研究,2018,25(10):18-39.

[160] LIN H C,CHEN Y J,CHEN C C,et al. Expectations of social networking site users who share and acquire health-related information[J]. Computers & Electrical Engineering,2018,69:808-814.

[161] 顾东晓,索菲亚·莎诺娃,杨雪洁,等. 在线健康社区中的信息持续搜索研究[J]. 情报科学,2020,38(11):92-97.

[162] LIN X,FEATHERMAN M,SARKER S. Understanding factors affecting users' social networking site continuance:A gender difference perspective[J]. Information & Management,2017,54(3):383-395.

[163] DHOLAKIA U M,BAGOZZI R P,PEARO L K. A social influence model of consumer participation in network-and small-group-based virtual communities[J]. International Journal of Research in Marketing,2004,21(3):241-263.

[164] 张克永,李贺. 网络健康社区知识共享的影响因素研究[J]. 图书情报工作,2017,61(5):109-116.

[165] ELLEMERS N,KORTEKAAS P,OUWERKERK J W. Self-categorisation, commitment to the group and group self-esteem as related but distinct aspects of social identity[J]. European Journal of Social Psychology,1999,29(23):371-389.

[166] LIN M J J, HUNG S W, CHEN C J. Fostering the determinants of knowledge sharing in professional virtual communities[J]. Computers in Human Behavior,2009,25(4):929-939.

[167] WANG T. Social identity dimensions and consumer behavior in social media [J]. Asia Pacific Management Review,2017,22(1):45-51.

[168] HUANG E. Online experiences and virtual goods purchase intention[J]. Internet Research,2012,22(3):252-274.

[169] ARDICHVILI A,PAGE V,WENTLING T. Motivation and barriers to participation in virtual knowledge-sharing communities of practice[J]. Journal of Knowledge Management,2003,7(1):64-77.

[170] EDELMAN B. Earnings and ratings at Google Answers[J]. Economic

Inquiry,2012,50(2):309-320.

[171] MILADIAN H,SARVESTANI A K. A customer value perspective motivates people to purchase digital items in virtual communities[C]. Proceedings of 2012 International Conference on Economics,Business and Marketing,2012: 231-236.

[172] BERGER B, MATT C, STEININGER D, et al. It is not just sbout competition with "free": Differences between content formats in consumer preferences and willingness to pay[J]. Journal of Management Information Systems,2015,32(3):105-128.

[173] 李武,许耀心,丛挺. 在线付费问答平台用户感知价值对付费意愿的影响:基于过去行为的调节效应分析[J]. 新闻界,2018(10):92-100.

[174] 卢恒,张向先,肖彬,等. 在线用户知识付费意愿的影响因素及其调节变量:元分析研究[J]. 图书情报工作,2021,65(13):44-54.

[175] 魏武,谢兴政. 线上知识付费用户继续付费意向影响因素研究[J]. 数据分析与知识发现,2020,4(8):119-129.

[176] WANG Y S, YEH C H, LIAO Y W. What drives purchase intention in the context of online content services? The moderating role of ethical self-efficacy for online piracy[J]. International Journal of Information Management,2013,33 (1):199-208.

[177] LAI H M,CHEN T T. Knowledge sharing in interest online communities:A comparison of posters and lurkers[J]. Computers in Human Behavior,2014, 35:295-306.

[178] 赵菲菲,渠性怡,周庆山. 在线问答社区用户知识付费意愿影响因素实证研究[J]. 情报资料工作,2019,40(1):89-97.

[179] JIN J, YAN X, LI Y, et al. How users adopt healthcare information:An empirical study of online Q&A community[J]. International Journal of Medical Informatics,2015,86:91-103.

[180] ATANASOVA S,KAMIN T,PETRIC G. The benefits and challenges of

online professional-patient interaction:Comparing views between users and health professional moderators in an online health community[J]. Computers in Human Behavior,2018,83:106-118.

[181] LIANG T-P,HO Y-T,LI Y-W,et al. What drives social commerce:The role of social support and relationship quality [J]. International Journal of Electronic Commerce,2011,16(2):69-90.

[182] MAYER R C,DAVIS J H,SCHOORMAN F D. An integrative model of organizational trust[J]. Academy of Management Review,1995,20(3):709-734.

[183] 张洪,鲁耀斌,闫艳玲.社会化购物社区技术特征对购买意向的影响研究[J].科研管理,2017,38(2):84-92.

[184] MOONEY G,HOUSTON S. Equity in health care and institutional trust:A communitarian view[J]. Cadernos de Saúde Pública,2008,24(5):1162-1167.

[185] JOHNSSON L,HELGESSON G,HANSSON M G,et al. Adequate trust avails,mistaken trust matters:On the moral responsibility of doctors as proxies for patients' trust in biobank research[J]. Bioethics,2013,27(9):485-492.

[186] LU Y,ZHAO L,WANG B. From virtual community members to C2C e-commerce buyers:Trust in virtual communities and its effect on consumers' purchase intention [J]. Electronic Commerce Research and Applications,2010,9(4):346-360.

[187] 唐旭丽,张斌,张岩.在线健康社区用户的信息采纳意愿研究:基于健康素养和信任的视角[J].信息资源管理学报,2018,8(3):102-112.

[188] CHEN J,SHEN X-L. Consumers' decisions in social commerce context:An empirical investigation[J]. Decision Support Systems,2015,79:55-64.

[189] SHI Y,SIA C L,CHEN H. Leveraging social grouping for trust building in foreign electronic commerce firms:An exploratory study[J]. International Journal of Information Management,2013,33(3):419-428.

[190] 赵玲,鲁耀斌,邓朝华.虚拟社区信任与社区成员购买行为研究[J].工业工

程与管理,2009,14(3):105-111.

[191] NG C S P. Intention to purchase on social commerce websites across cultures:A cross-regional study[J]. Information & management,2013,50(8):609-620.

[192] GUDIGANTALA N,BICEN P,EOM M. An examination of antecedents of conversion rates of e-commerce retailers[J]. Management Research Review, 2016,39(1):82-114.

[193] 吴士健,刘国欣,权英. 基于 UTAUT 模型的学术虚拟社区知识共享行为研究:感知知识优势的调节作用[J]. 现代情报,2019,39(6):48-58.

[194] LIN J C. Online stickiness:Its antecedents and effect on purchasing intention[J]. Behaviour & Information Technology,2007,26(6):507-516.

[195] LEE M C. Explaining and predicting users' continuance intention toward e-learning:An extension of the expectation-confirmation model [J]. Computers & Education,2010,54(2):506-516.

[196] SHEN Y C,HUANG C Y,CHU C H,et al. Virtual community loyalty:An interpersonal-interaction perspective [J]. International Journal of Electronic Commerce,2010,15(1):49-73.

[197] WANG W T,WANG Y S,LIU E R. The stickiness intention of group-buying websites:The integration of the commitment-trust theory and e-commerce success model[J]. Information & Management,2016,53(5):625-642.

[198] WU J J,CHANG Y S. Towards understanding members' interactivity,trust, and flow in online travel community[J]. Industrial Management & Data Systems,2005,105(7):937-954.

[199] MOON J W,KIM Y G. Extending the TAM for a World-Wide-Web context [J]. Information & Management,2001,38(4):217-230.

[200] 刘璇,汪林威,李嘉,等. 在线健康社区中用户回帖行为影响机理研究[J]. 管理科学,2017,30(1):62-72.

[201] 陈星,张星,肖泉. 在线健康社区的用户持续知识分享意愿研究:一个集成社会支持与承诺—信任理论的模型[J]. 现代情报,2019,39(11):55-68.

[202] LIN T C,LAI M C,YANG S W. Factors influencing physicians' knowledge sharing on web medical forums[J]. Health Informatics Journal,2016,22(3): 594-607.

[203] CASTANEDA J A,MONTORO F J. The effect of Internet general privacy concern on customer behavior[J]. Electronic Commerce Research,2007,7:117-141.

[204] BANSAL G,ZAHEDI F M,GEFEN D. The impact of personal dispositions on information sensitivity, privacy concern and trust in disclosing health information online[J]. Decision Support Systems,2010,49(2):138-150.

[205] KU Y-C, CHEN R, ZHANG H. Why do users continue using social networking sites? [J]. Information & Management,2013,50(7):571-581.

[206] ZHOU T. Understanding online community user participation: A social influence perspective[J]. Internet Research,2011,21(1):67-81.

[207] HAJLI M N. The role of social support on relationship quality and social commerce[J]. Technological Forecasting and Social Change,2014,87(0): 17-27.

[208] XU H,DINEV T,SMITH J,et al. Information privacy concerns: Linking individual perceptions with institutional privacy assurances[J]. Journal of the Association for Information Systems,2011,12(12):798-824.

[209] CHOW W S,CHAN L S. Social network, social trust and shared goals in organizational knowledge sharing[J]. Information & Management,2008,45 (7):458-465.

[210] PETTY R E,CACIOPPO J T. The elaboration likelihood model of persuasion[M]. New York:Springer,1986.

[211] BHATTACHERJEE A,SANFORD C. Influence processes for information technology acceptance:An elaboration likelihood model[J]. MIS Quarterly, 2006,30(4):805-825.

[212] ZHOU T. Understanding users' initial trust in mobile banking: An elaboration likelihood perspective[J]. Computers in Human Behavior,2012,

28(4):1518-1525.

[213] GOODHUE D L, THOMPSON R L. Task-technology fit and individual performance[J]. MIS Quarterly,1995,19(2):213-236.

[214] PARK M, LENNON S J. Brand name and promotion in online shopping contexts[J]. Journal of Fashion Marketing and Management,2009,13(2): 149-160.

[215] PARBOTEEAH D V, VALACICH J S, WELLS J D. The enfluence of website characteristics on a consumer's urge to buy impulsively[J]. Information Systems Research,2009,20(1):60-78.

[216] EROGLU S A, MACHLEIT K A, DAVIS L M. Empirical testing of a model of online store atmospherics and shopper responses[J]. Psychology and Marketing,2003,20(2):139-150.

[217] KÜHN S W, PETZER D J. Fostering purchase intentions toward online retailer websites in an emerging market:An S-O-R perspective[J]. Journal of Internet Commerce,2018,17(3):255-282.

[218] AGGARWAL A, RAHUL M. Impact of perceived usability and perceived information quality on Indian consumer purchase intentions in online shopping:Implication of TAM and S-O-R theory[J]. Int. J. of Technology Transfer and Commercialisation,2017,15(2):160-183.

[219] 吴华君,葛文双,何聚厚.教师支持对 MOOC 课程持续学习意愿的影响研究：基于 S-O-R 和 TAM 的视角[J].现代远距离教育,2020(3):89-96.

[220] 朱红灿,胡新,王新波.基于 S-O-R 框架的政府数据开放平台用户持续使用意愿研究[J].现代情报,2018,38(5):100-105.

[221] 甘春梅,林恬恬,肖晨,等.S-O-R 视角下社会化商务意愿的实证研究[J].现代情报,2018,38(9):64-69.

[222] 张星,吴忧,夏火松,等.基于 S-O-R 模型的在线健康社区知识共享行为影响因素研究[J].现代情报,2018,38(8):18-26.

[223] 粟路军,何学欢,胡东滨,等.服务质量对旅游者抵制负面信息意愿的影响机

制研究:基于 Stimulus-Organism-Response(S-O-R)分析框架[J].旅游科学,
2017,31(6):30-51.

[224] 姜婷婷,郭倩,徐亚苹,等.证据类型对在线健康信息标题选择的影响:眼动
实验与启示[J].图书情报工作,2020,64(19):61-70.

[225] CHEUNG C M K,LEE M K O,RABJOHN N. The impact of electronic
word-of-mouth[J]. Internet Research,2008,18(3):229-247.

[226] 宋雪雁,王萍.信息采纳行为概念及影响因素研究[J].情报科学,2010,28(5):
760-762.

[227] ZHAO L, LU Y B, GUPTA S. Disclosure intention of location-related
informationin location-based social network services[J]. International Journal
of Electronic Commerce,2012,16(4):53-89.

[228] 朱丽献.企业技术创新采纳问题的国内研究[J].发明与创新(综合版),
2008,10(1):11-13.

[229] PETTY R E, CACIOPPO J T. The elaboration likelihood model of
persuasion[J]. Advances in Consumer Research,1989,19(4):123-205.

[230] ZHOU T, LU Y, WANG B. Examining online consumers' initial trust
building from an elaboration likelihood model perspective[J]. Information
Systems Frontiers,2016,18:265-275.

[231] SUSSMAN S W,SIEGAL W S. Informational influence in organizations:An
integrated approach to knowledge adoption[J]. Information Systems Research,
2003,14(1):47-65.

[232] ZHU D H,CHANG Y P,LUO J J. Understanding the influence of C2C
communication on purchase decision in online communities from a perspective
of information adoption model[J]. Telematics and Informatics, 2016, 33 (1):
8-16.

[233] YOO C W,GOO J,HUANG C D,et al. Improving travel decision support
satisfaction with smart tourism technologies:A framework of tourist
elaboration likelihood and self-efficacy[J]. Technological Forecasting and

Social Change,2017,123:330-341.

[234] WANG Z, YANG X. Understanding backers' funding intention in reward crowdfunding: An elaboration likelihood perspective [J]. Technology in Society,2019,58(6):101149. 1-101149. 10.

[235] HUO C,ZHANG M,MA F. Factors influencing people's health knowledge adoption in social media[J]. Library Hi Tech,2018,36(1):129-151.

[236] COURSARIS C K,VAN OSCH W. Exploring the effects of source credibility on information adoption on YouTube[C] // HCI in Business,Government,and Organizations: eCommerce and Innovation. Toronto , Canada: Third Interational Conference,HCIBGO 2016,2016:16-25.

[237] LI C-Y. The effects of source credibility and argument quality on employees' responses toward information system usage[J]. Asia Pacific Management Review,2015,20(2):56-64.

[238] PENG L,LIAO Q,WANG X,et al. Factors affecting female user information adoption: An empirical investigation on fashion shopping guide websites[J]. Electronic Commerce Research,2016,16(2):145-169.

[239] KEEN P. Electronic commerce relationships: Trust by design [J]. Cma Management,2000,74(9):1-3.

[240] YI M Y,YOON J J,DAVIS J M,et al. Untangling the antecedents of initial trust in Web-based health information: The roles of argument quality,source expertise,and user perceptions of information quality and risk[J]. Decision Support Systems,2013,55(1):284-295.

[241] ABID A,HARRIGAN P,ROY S K. Online relationship marketing through content creation and curation[J]. Marketing Intelligence & Planning,2019, 38(6):699-712.

[242] GAO L,BAI X. Online consumer behaviour and its relationship to website atmospheric induced flow: Insights into online travel agencies in China[J]. Journal of Retailing and Consumer Services,2014,21(4):653-665.

[243] VAN TONDER E,PETZER D J. Perspectives on "other" customers' roles in citizenship behaviour[J]. International Journal of Bank Marketing, 2018, 36(2):393-408.

[244] ABEDI E, GHORBANZADEH D, RAHEHAGH A. Influence of eWOM information on consumers' behavioral intentions in mobile social networks [J]. Journal of Advances in Management Research,2019,17(1):84-109.

[245] GILLY M C,GRAHAM J L,WOLFINBARGER M F,et al. A dyadic study of interpersonal information search[J]. Journal of the Academy of Marketing Science,1998,26(2):83-100.

[246] AL-NATOUR S,BENBASAT I,CENFETELLI R T. The role of similarity in e-commerce interactions:The case of online shopping assistants[C]. Proceeding of the Fourth Pre-ICIS HCI Research in MIS(HCI/MIS'05), 2005:70-74.

[247] LIU H,CHU H,HUANG Q,et al. Enhancing the flow experience of consumers in China through interpersonal interaction in social commerce[J]. Computers in Human Behavior,2016,58:306-314.

[248] SANDRA A T W S. Service innovation and electronic word-of-mouth:Is it worth listening to? [J]. Managing Service Quality:An International Journal, 2009,19(3):249-265.

[249] 李琪,李欣,魏修建. 整合 SOR 和承诺信任理论的消费者社区团购研究[J]. 西安交通大学学报(社会科学版),2020,40(2):25-35.

[250] VANCE A, ELIE-DIT-COSAQUE C, STRAUB D W. Examining trust in information technology artifacts:The effects of system quality and Culture[J]. Journal of Management Information Systems,2008,24(4):73-100.

[251] JENSEN C,POTTS C,JENSEN C. Privacy practices of Internet users:Self-reports versus observed behavior [J]. International Journal of Human-Computer Studies,2005,63(1-2):203-227.

[252] CHEN Y, YANG L, ZHANG M, et al. Central or peripheral? Cognition

elaboration cues' effect on users' continuance intention of mobile health applications in the developing markets[J]. Int J Med Inform,2018,116:33-45.

[253] ZHOU T. Examining users' knowledge sharing behaviour in online health communities[J]. Data Technologies and Applications,2019,53(4):442-455.

[254] YANG S C,HUNG W C,SUNG K,et al. Investigating initial trust toward e-tailers from the elaboration likelihood model perspective[J]. Psychology and Marketing,2006,23(5):429-445.

[255] AL-DAIHANI S M. Students' adoption of Twitter as an information source: An exploratory study using the Technology Acceptance Model[J]. Malaysian Journal of Library & Information Science,2016,21(3):57-69.

[256] JIN X-L,ZHOU Z,YU X. Predicting Users' willingness to diffuse healthcare knowledge in social media[J]. Information Technology & People,2019,32 (4):1044-1064.

[257] TSENG S-Y,WANG C-N. Perceived risk influence on dual-route information adoption processes on travel websites[J]. Journal of Business Research, 2016,69(6):2289-2296.

[258] HUSSAIN S,AHMED W,JAFAR R M S,et al. eWOM source credibility, perceived risk and food product customer's information adoption [J]. Computers in Human Behavior,2017,66:96-102.

[259] CHONG A Y L,KHONG K W,MA T,et al. Analyzing key influences of tourists' acceptance of online reviews in travel decisions [J]. Internet Research,2018,28(3):564-586.

[260] VENKATESH V,THONG J Y L,CHAN F K Y,et al. Extending the two-stage information systems continuance model:Incorporating UTAUT predictors and the role of context[J]. Information Systems Journal, 2011, 21 (6): 527-555.

[261] OLIVEIRA T, ALHINHO M, RITA P, et al. Modelling and testing consumer trust dimensions in e-commerce [J]. Computers in Human

Behavior,2017,71:153-164.

[262] SHEN X-L,CHEUNG C M,LEE M K O. What leads students to adopt information from Wikipedia? An empirical investigation into the role of trust and information usefulness[J]. British Journal of Educational Technology, 2013,44(3):502-517.

[263] SHANKAR A,JEBARAJAKIRTHY C,ASHADUZZAMAN M. How do electronic word of mouth practices contribute to mobile banking adoption? [J]. Journal of Retailing and Consumer Services,2020,52(1):101920. 1-101920. 14.

[264] WANG L,HU H-H,YAN J,et al. Privacy calculus or heuristic cues? The dual process of privacy decision making on Chinese social media[J]. Journal of Enterprise Information Management,2019,33(2):353-380.

[265] ZHANG H,LU Y,GUPTA S,et al. What motivates customers to participate in social commerce? The impact of technological environments and virtual customer experiences[J]. Information & Management,2014,51(8):1017-1030.

[266] ZONG C,ZHANG Z. Study on learning effects and patform design strategies of English short videos from the perspective offFlow experience[C] // Learning and Collaboration Technologies. Designing, Developing and Deploying Learning Experiences. Copenhagen, Denmark: 7th International Conference,LCT2020,2020:413-422.

[267] CHANG Y P, ZHU D H. The role of perceived social capital and flow experience in building users' continuance intention to social networking sites in China[J]. Computers in Human Behavior,2012,28(3):995-1001.

[268] WANG Z, YANG X, ZHANG X. Relationships among boredom proneness, sensation seeking and smartphone addiction among Chinese college students: Mediating roles of pastime, flow experience and self-regulation [J]. Technology in Society,2020,62(3):101319. 1-101319. 9.

[269] TUNCER I. The relationship between IT affordance,flow experience,trust,

and social commerce intention：An exploration using the S-O-R paradigm[J].
Technology in Society，2021，65：101567. 1-101567. 10.

[270] KIM M，THAPA B. Perceived value and flow experience：Application in a
nature-based tourism context [J]. Journal of Destination Marketing &
Management，2018，8：373-384.

[271] PELET J-É，ETTIS S，COWART K. Optimal experience of flow enhanced
by telepresence：Evidence from social media use [J]. Information &
Management，2017，54(1)：115-128.

[272] HSU C-L，CHEN M-C. How does gamification improve user experience? An
empirical investigation on the antecedences and consequences of user
experience and its mediating role[J]. Technological Forecasting and Social
Change，2018，132：118-129.

[273] FANG Y-H. Beyond the credibility of electronic word of mouth：Exploring
eWOM adoption on social networking sites from affective and curiosity
perspectives[J]. International Journal of Electronic Commerce，2014，18(3)：
67-102.

[274] TAMJIDYAMCHOLO A，BIN BABA M S，TAMJID H，et al. Information
security-Professional perceptions of knowledge-sharing intention under self-
efficacy，trust，reciprocity，and shared-language[J]. Computers & Education，
2013，68：223-232.

[275] DODDS W B，MONROE K B，GREWAL D. Effects of price，brand，and store
information on buyers' product evaluations [J]. Journal of Marketing
Research，1991，28(3)：307-319.

[276] KIM H W，CHAN H C，GUPTA S. Value-based adoption of mobile internet：
An empirical investigation [J]. Decision Support Systems，2007，43 (1)：
111-126.

[277] ZHANG W，YANG X，WANG Q，et al. Investigation on the factors
determining consumers' use of online intermediated shopping (OIS)[J]. A

behavioral intention perspective,2015,27(1):77-97.

[278] 欧阳映泉. 付费在线学习采纳意愿影响因素研究[D]. 成都:西南财经大学,2014.

[279] 周涛,檀齐,邓胜利. 基于 IS 成功模型的知识付费用户行为研究[J]. 现代情报,2019,39(8):59-65.

[280] 亢风雪. 在线学习课程付费意愿影响因素研究[D]. 南昌:江西财经大学,2019.

[281] ZHANG J,MAO E. Understanding the acceptance of mobile SMS advertising among young Chinese consumers[J]. Psychology & Marketing,2008,25(8):787-805.

[282] LIN J,LUO Z,CHENG X,et al. Understanding the interplay of social commerce affordances and swift guanxi:An empirical study[J]. Information & Management,2019,56(2):213-224.

[283] WU J H,WANG S C. What drives mobile commerce? An empirical evaluation of the revised technology acceptance model[J]. Information & Management,2005,42(5):719-729.

[284] KUO Y-F,YEN S-N. Towards an understanding of the behavioral intention to use 3G mobile value-added services[J]. Computers in Human Behavior,2009,25(1):103-110.

[285] LAFORET S. Retail brand extension—perceived fit,risks and trust[J]. Journal of Consumer Behaviour,2008,7(3):189-209.

[286] YE C,POTTER R. The role of habit in post-adoption switching of personal information technologies:An empirical investigation[J]. Communications of the Association for Information Systems,2011,28:585-610.

[287] 赵宇翔,刘周颖. IT 采纳和使用中用户转移行为研究综述[J]. 图书与情报,2017(5):86-96.

[288] CHENG Z,YANG Y,LIM J. Cyber migration:An empirical investigation on factors that affect users' switch intentions in social networking sites[C].

Hawaii:42nd Hawaii International Conference on System Sciences,2009.

[289] BANSAL H S,TAYLOR S F,ST JAMES Y. "Migrating" to new service providers:Toward a unifying framework of consumers' switching behaviors [J]. Journal of the Academy of Marketing Science,2005,33(1):96-115.

[290] HOU A C Y,CHERN C-C,CHEN H-G,et al. "Migrating to a new virtual world":Exploring MMORPG switching through human migration theory[J]. Computers in Human Behavior,2011,27(5):1892-1903.

[291] HSIEH J-K, HSIEH Y-C, CHIU H-C, et al. Post-adoption switching behavior for online service substitutes:A perspective of the push-pull-mooring framework[J]. Computers in Human Behavior, 2012, 28(5):1912-1920.

[292] ZHANG K Z,CHEUNG C M,LEE M K. Online service switching behavior:The case of blog service providers[J]. Journal of Electronic Commerce Research,2012,13(3):184-197.

[293] SUN Y,LIU D,CHEN S,et al. Understanding users' switching behavior of mobile instant messaging applications:An empirical study from the perspective of push-pull-mooring framework[J]. Computers in Human Behavior,2017,75:727-738.

[294] FANG Y-H,TANG K. Involuntary migration in cyberspaces:The case of MSN messenger discontinuation[J]. Telematics and Informatics,2017,34(1):177-193.

[295] LI C-Y,KU Y-C. The power of a thumbs-up:Will e-commerce switch to social commerce? [J]. Information & Management,2018,55(3):340-357.

[296] BURNHAM T A,FRELS J K,MAHAJAN V. Consumer switching costs:A typology, antecedents, and consequences[J]. Journal of the Academy of Marketing Science,2003,31(2):109.

[297] LIN T-C,CHENG H K,WANG F-S,et al. A study of online auction sellers' intention to switch platform:The case of Yahoo! Kimo versus Ruten_eBay[J].

Decision Sciences,2012,43(2):241-272.

[298] LIU F, XIAO B. Do I Switch? Understanding users' intention to switch between social network sites [C]. Hawaii: 47th Hawaii International Conference on System Sciences. 2014.

[299] COBB S. Social support as a moderator of life stress[J]. Psychosomatic Medicine,1976,38(5):300-314.

[300] TAJFEL H. Differentiation between social groups: Studies in the social psychology of intergroup relations[M]. London, New York and San Francisco: Academic Press,1978.

[301] BAGOZZI R P, DHOLAKIA U M. Antecedents and purchase consequences of customer participation in small group brand communities[J]. International Journal of Research in Marketing,2006,23(1):45-61.

[302] ZHANG C B,LI Y N,WU B,et al. How WeChat can retain users:Roles of network externalities, social interaction ties, and perceived values in building continuance intention[J]. Computers in Human Behavior,2017,69:284-293.

[303] CHIU C-M, CHENG H-L, HUANG H-Y, et al. Exploring individuals' subjective well-being and loyalty towards social network sites from the perspective of network externalities:The Facebook case[J]. International Journal of Information Management,2013,33(3):539-552.

[304] TAO Z. Examining user switch between mobile stores: A push-pull-mooring perspective[J]. Information Resources Management Journal (IRMJ),2016, 29(2):1-13.

[305] XU Y, YANG Y, CHENG Z, et al. Retaining and attracting users in social networking services: An empirical investigation of cyber migration[J]. The Journal of Strategic Information Systems,2014,23(3):239-253.

[306] HUANG J-W,LIN C-P. To stick or not to stick:The social response theory in the development of continuance intention from organizational cross-level perspective[J]. Computers in Human Behavior,2011,27(5):1963-1973.

[307] 刘江,赵宇翔,朱庆华.互联网环境下潜水者及其潜水动因研究综述[J].图书情报工作,2012,56(18):65-72.

[308] 刘鲁川,张冰倩,李旭.社交媒体用户焦虑和潜水行为成因及与信息隐私关注的关系[J].情报资料工作,2018(5):72-80.

[309] 李纲,李显鑫,巴志超,等.微信群潜水者角色识别及行为动因分析[J].图书情报工作,2018,62(16):61-71.

[310] 周涛,陈可鑫.基于SOR模型的社会化商务用户行为机理研究[J].现代情报,2018,38(3):51-57.

[311] 刘鲁川,李旭,张冰倩.基于扎根理论的社交媒体用户倦怠与消极使用研究[J].情报理论与实践,2017,40(12):100-106.

[312] OSATUYI B. Personality traits and information privacy concern on social media platforms[J]. Journal of Computer Information Systems,2015,55(4):11-19.

[313] 任胜楠.我国社交媒体消极使用行为的影响因素及实证研究:以微信为例[C]//第十五届中国管理学年会论文集,2020:1-13.

[314] SUN N,RAU P P-L,MA L. Understanding lurkers in online communities:A literature review[J]. Computers in Human Behavior,2014,38:110-117.

[315] LEE A R,SON S-M,KIM K K. Information and communication technology overload and social networking service fatigue:A stress perspective[J]. Computers in Human Behavior,2016,55:51-61.

[316] LEPP A,BARKLEY J E,KARPINSKI A C. The relationship between cell phone use,academic performance,anxiety,and Satisfaction with Life in college students[J]. Computers in Human Behavior,2014,31:343-350.

[317] RAVINDRAN T,YEOW KUAN A C,HOE LIAN D G. Antecedents and effects of social network fatigue[J]. Journal of the Association for Information Science and Technology,2014,65(11):2306-2320.

[318] NISAR T M,PRABHAKAR G,ILAVARASAN P V,et al. Facebook usage and mental health:An empirical study of role of non-directional social comparisons

in the UK[J]. International Journal of Information Management,2019,48:53-62.

[319] FU S, LI H, LIU Y, et al. Social media overload, exhaustion, and use discontinuance:Examining the effects of information overload,system feature overload, and social overload[J]. Information Processing & Management, 2020,57(6):102307.

[320] LIU X,MIN Q,WU D,et al. How does social network diversity affect users' lurking intention toward social network services? A role perspective[J]. Information & Management,2020,57(7):103258.

[321] ZHANG Y,SHI S,GUO S,et al. Audience management,online turbulence and lurking in social networking services:A transactional process of stress perspective[J]. International Journal of Information Management, 2021, 56:102233.

[322] MCMILLAN D W, CHAVIS D M. Sense of community:A definition and theory[J]. Journal of Community Psychology,1986,14(1):6-23.

[323] MCMILLAN D W. Sense of community [J]. Journal of Community Psychology,1996,24(4):315-325.

[324] KOH J, KIM Y G. Sense of virtual community:A conceptual framework and empirical validation[J]. International Journal of Electronic Commerce,2003, 8(2):75-94.

[325] CHIH W-H, HSU L-C, LIOU D-K. Understanding virtual community members' relationships from individual, group, and social influence perspectives[J]. Industrial Management & Data Systems, 2017, 117(6): 990-1010.

[326] GIBBS J L, KIM H, KI S. Investigating the role of control and support mechanisms in members' sense of virtual community[J]. Communication Research,2016,46(1):117-145.

[327] 周商.社会化问答社区中用户社会资本、虚拟社区感与知识贡献关系研究[D]. 杭州:浙江理工大学,2019.

［328］申光龙,彭晓东,秦鹏飞.虚拟品牌社区顾客间互动对顾客参与价值共创的影响研究:以体验价值为中介变量[J].管理学报,2016,13(12):1808-1816.

［329］KIM K-H, KIM K-J, LEE D-H, et al. Identification of critical quality dimensions for continuance intention in mHealth services:Case study of onecare service[J]. International Journal of Information Management,2019,46:187-197.

［330］顾美玲,迟铭,韩洁平.开放式创新社区治理机制对用户知识贡献行为的影响.虚拟社区感知的中介效应[J].科技进步与对策,2019,36(20):30-37.

［331］YAO S, ZHENG X, LIU D. Sense of virtual community, commitment and knowledge contribution:An empirical research based on MI community［J］. Nankai Business Review International,2021,12(1):131-154.

［332］NARANJO-ZOLOTOV M, OLIVEIRA T, CASTELEYN S, et al. Continuous usage of e-participation:The role of the sense of virtual community[J]. Government Information Quarterly,2019,36(3):536-545.

［333］孙挺,夏立新,李雪,等.社会化阅读用户持续使用意愿影响因素的荟萃分析[J].情报科学,2021,39(7):153-161.

［334］薛云建,董雨,浦徐进.知识付费App用户持续使用意愿的模型构建及实证研究[J].经济与管理,2021,35(4):17-23.

［335］WANG W-T, OU W-M, CHEN W-Y. The impact of inertia and user satisfaction on the continuance intentions to use mobile communication applications:A mobile service quality perspective[J]. International Journal of Information Management,2019,44:178-193.

［336］WANG C,TEO T S H,LIU L. Perceived value and continuance intention in mobile government service in China[J]. Telematics and Informatics,2020,48:101348.

［337］宁连举,冯鑫.基于虚拟社区体验的四元互惠战略模式[J].科研管理,2013,34(9):151-160.

［338］代宝,刘业政.基于期望确认模型、社会临场感和心流体验的微信用户持续

使用意愿研究[J]. 现代情报,2015,35(3):19-23.

[339] 宋金倩. 线上知识付费用户持续使用意愿影响因素的研究[D]. 济南:山东大学,2018.

[340] TEO H H,CHAN H C,WEI K K,et al. Evaluating information accessibility and community adaptivity features for sustaining virtual learning communities[J]. International Journal of Human-Computer Studies,2003,59(5):671-697.

[341] WELBOURNE J L,BLANCHARD A L,WADSWORTH M B. Motivations in virtual health communities and their relationship to community,connectedness and stress[J]. Computers in Human Behavior,2013,29(1):129-139.

[342] ZHANG Z. Feeling the sense of community in social networking usage[J]. IEEE Transactions on Engineering Management,2010,57(2):225-239.

[343] BHATTACHERJEE A. An empirical analysis of the antecedents of electronic commerce service continuance[J]. Decision Support Systems, 2001, 32 (2): 201-214.